CELEBRE SEU CORPO
(E SUAS MUDANÇAS TAMBÉM!)

O LIVRO DEFINITIVO SOBRE PUBERDADE PARA GAROTAS

CELEBRE SEU CORPO

(E SUAS MUDANÇAS TAMBÉM!)

Por **SONYA RENEE TAYLOR**
Prefácio de **BIANCA I. LAUREANO**
Ilustrações de **CAIT BRENNAN**
Tradução de **CLARA BROWNE**

Editora Melhoramentos

Dados Internacionais de Catalogação na Publicação (CIP)
(Câmara Brasileira do Livro, SP, Brasil)

Taylor, Sonya Renee
  Celebre seu corpo: (e suas mudanças também!) / por Sonya Renee Taylor; ilustrações de Cait Brennan; tradução Clara Browne; prefácio de Bianca I. Laureano. – São Paulo: Editora Melhoramentos, 2022.

  Título original: Celebrate your body
  ISBN 978-65-5539-389-7

  1. Garotas - Comportamento 2. Meninas 3. Menstruação - Literatura infantojuvenil 4. Puberdade - Literatura infantojuvenil I. Brennan, Cait. II. Laureano, Bianca I. IV. Título.

22-106092   CDD-028.5

Índice para catálogo sistemático:
1. Meninas: Puberdade: Literatura infantojuvenil 028.5
Maria Alice Ferreira – Bibliotecária – CRB-8/7964

Título original: *Celebrate Your Body (and Its Changes, Too!)*
Texto: © 2018 Sonya Renee Taylor
Ilustrações: © 2018 Cait Brennan
Todos os direitos reservados.

Rockridge Press® é uma marca registrada de Callisto Media Inc.
Todos os direitos reservados.
Direitos de publicação:
© 2022 Editora Melhoramentos Ltda.
Todos os direitos reservados.
Tradução: Clara Browne
Preparação de texto: Mônica Reis
Revisão: Fabiana Medina e Maria Isabel Ferrazoli
Diagramação: Amarelinha Design Gráfico
1.ª edição, maio de 2022
ISBN: 978-65-5539-389-7

Atendimento ao consumidor:
Caixa Postal 729 – CEP 01031-970
São Paulo – SP – Brasil
Tel.: (11) 3874-0880
www.editoramelhoramentos.com.br
sac@melhoramentos.com.br

Siga a Editora Melhoramentos nas redes sociais:
 /editoramelhoramentos

Impresso no Brasil

Dedico este livro à minha prima, Nyah.
Que você e todas as garotas cresçam em um
mundo em que possam celebrar seus corpos
maravilhosos sem nenhuma culpa!

SUMÁRIO

Prefácio 8
Introdução 10

Capítulo 1: Você é maravilhosa!. 14
Capítulo 2: Seu corpo em mudança 30
Capítulo 3: Seios e sutiãs 56
Capítulo 4: Abaixo do umbigo 70
Capítulo 5: Sua menstruação 80
Capítulo 6: Alimentando e abastecendo seu corpo . 104
Capítulo 7: Entre amigos e emoções 124
Capítulo 8: Família e outros espaços seguros. 138

Conclusão 148
Glossário 150
Agradecimentos. 153
Referências. 154

PREFÁCIO

EXISTEM POUCAS CERTEZAS NESTA VIDA, e uma delas é a mudança! Ela está acontecendo agora mesmo no mundo todo e em nossos corpos.

Sonya Renee Taylor escreveu um livro para garotas que estão vivenciando as transformações que acontecem no corpo durante a puberdade. E sabemos que, normalmente, essas conversas costumam ser chatas e técnicas, mas não aqui.

Em *Celebre Seu Corpo (e Suas Mudanças Também!)*, você vai encontrar as informações práticas mais importantes sobre a puberdade, e aqui as mudanças fantásticas desse período são abordadas de forma simples e esclarecedora. Sonya responde dúvidas que talvez você ainda não tenha, ou questões que já tenha, mas não saiba como perguntar. Você vai ler sobre o que fazer quando sentir que seu corpo está se transformando, sobre quem deve procurar quando sentir medo dessas transformações e como se preparar para sua primeira ou próxima menstruação.

Sonya usa uma linguagem acessível, sem nenhum julgamento ou explicações confusas.

Ela criou um movimento para todos os interessados no assunto. Sonya sonha alto e trabalha duro para se certificar de que cada garota entenda que não há um jeito certo ou errado de se sentir em relação a si e ao próprio corpo. O propósito da autora é trazer informações sobre as transformações pelas quais seu corpo está passando e oferecer estratégias para lidar com elas de forma leve e amar o processo.

Pais e mães, responsáveis e principalmente as garotas vão reconhecer a voz expressiva de Sonya que nos lembra que a puberdade é um período confuso — mas sempre cheio de emoções — que pode ser vivido com intensidade e alegria.

Bianca I. Laureano.
Premiada educadora e sexóloga

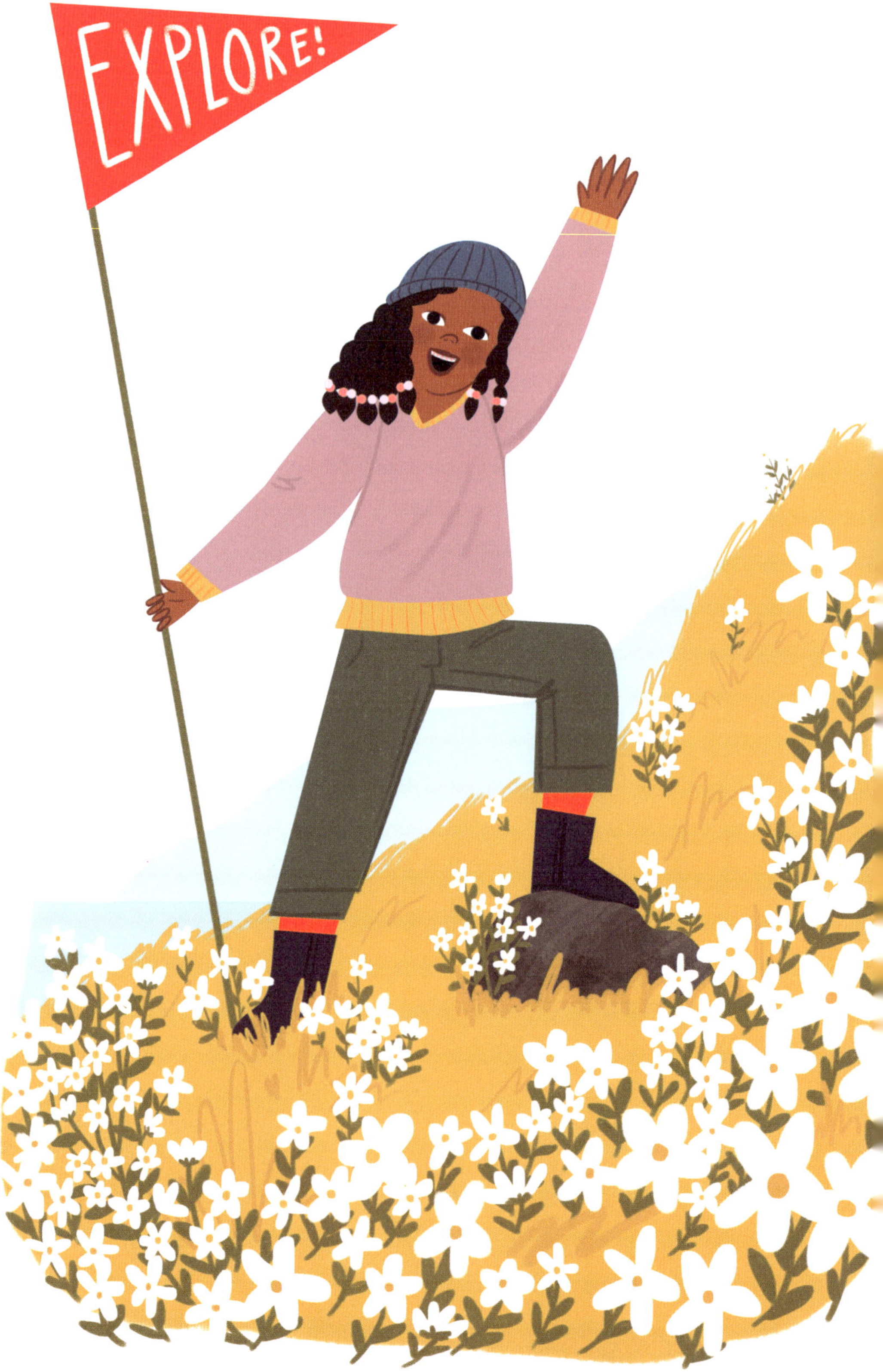
EXPLORE!

INTRODUÇÃO

ADIVINHA!? VOU REVELAR AQUI ALGUMAS INFORMAÇÕES IMPORTANTES. Está preparada? OK, lá vai: Você tem um corpo! E não é qualquer corpo — é um corpo incrível. Como eu sei disso? Porque todos os corpos são incríveis, e isso não deve ser um segredo. Toda garota devia gritar do alto de uma montanha: "Ei, mundo, meu corpo é incrível!".

E, como dona orgulhosa de um corpo incrível, você talvez tenha notado que ele também está em transformação. Mudanças podem ser maravilhosas, mas ao mesmo tempo um tanto confusas. Enquanto crescemos, não é apenas o corpo que muda, mas também nossos sentimentos e nossas relações interpessoais. E, com todas essas mudanças acontecendo, é natural ter algumas questões. Mas aqui você vai encontrar as respostas para algumas das incertezas que talvez tenha sobre essa pessoa especial e mutável que você é!

Se ainda não percebeu, estou superanimada para falar sobre seu corpo. Isso pode parecer meio esquisito, mas é porque amo ajudar as pessoas a entender os motivos por que elas devem amar seus corpos. Isso começou quando eu tinha 15 anos e me tornei monitora de classe, ajudando meus colegas e outros adolescentes a fazerem boas escolhas em relação a seus corpos. Por muitos anos, estive em trabalhos focados em ajudar pessoas a terem rotinas mais saudáveis. Alguns anos atrás, fundei uma companhia chamada *The Body Is Not An Apology*, ou seja, "Seu Corpo Não É uma Desculpa" — toda voltada para o discurso de que devemos amar nosso corpo e fazer do mundo um lugar onde todos possam encontrar aquilo de que precisam para viver bem e revelar o seu melhor. Eu me empenho todos os dias para lembrar as pessoas de que todos os corpos são mágicos!

Desde que comecei minha empresa, seres humanos com todos os tipos de corpos — dos 8 aos 88 anos — participaram de *workshops* que ofereço sobre amor- -próprio. Gente alta, baixa, grande, pequena, deficiente, de diferentes etnias — muitos corpos maneiros. Nenhum corpo era igual, mas todos eram lindos e poderosos de um jeito único. Hoje, milhões de pessoas já visitaram o site *The Body Is Not An Apology* e decidiram praticar o amor a seus corpos sem nenhuma culpa ou desculpa. Espero que, depois de ler este livro, você se sinta pronta para fazer exatamente a mesma coisa.

Você sabe por que as pessoas têm medo do escuro? Porque não conseguem ver o que está acontecendo. Você não devia estar no escuro sobre sua puberdade ou sobre a maneira como seu corpo mudará nas próximas semanas, meses e anos. Conhecimento é poder, e entender tudo sobre as transformações do seu corpo vai ajudá-la a ser uma especialista do próprio corpo. Sei que você pegou este livro para aprender sobre puberdade, mas, se ler algo que não entender ou quiser saber mais sobre o assunto, recomendo fortemente dividir essas questões com um adulto em quem confia. Você é uma menina linda que deve se se sentir confiante com seu corpo e sua vida. A puberdade não deve mudar isso. Aliás, a puberdade é uma oportunidade de se sentir ainda mais confiante e poderosa no seu corpo. Por quê? Porque você está se tornando uma especialista em saber o quão maravilhoso ele é!

Vamos discutir aqui algumas das principais dúvidas que você pode ter sobre a puberdade e as transformações físicas. Começaremos por explicar conceitualmente o que é puberdade e o que esperar desse período. Depois, vamos falar sobre algumas mudanças previstas, começando com as pequenas novidades (*opa, quando esse pelo apareceu aqui?*) e então passando para as maiores, como o crescimento dos seios e menstruação, e todas as principais transições para a idade adulta. Falaremos ainda sobre questões de saúde, bem-estar, emoções, privacidade e consentimento. Em cada seção vamos ressaltar quais alterações físicas você poderá notar, e como cuidar do corpo enquanto elas acontecem. No fim do livro há um glossário que vai ajudá-la a entender o que significam algumas palavras que podem ser novas para você.

Puberdade é uma época emocionante e cheia de oportunidades para entender ainda melhor o funcionamento do corpo. Quando estamos empoderadas com informações corretas, temos tudo de que precisamos para nos tornarmos adultas saudáveis em prol de uma vida maravilhosa!

1

VOCÊ É MARAVILHOSA!

Você é uma garota confiante e capaz de tudo. Como sei disso? Porque você veio para este planeta assim. Todas as garotas — não importa a aparência — são poderosas e têm tudo de que precisam para se tornarem adultas maravilhosas. Puberdade pode mudar um monte de coisas no seu corpo, mas não deve mudar a certeza de que você é um ser humano incrível! Aqui está tudo de que precisa saber sobre puberdade.

O QUE É PUBERDADE?

Alguns adultos fazem a puberdade parecer como um filme dramático no qual as garotas encenam o papel principal. Sabe aquelas cenas em que a mãe faz um comentário nada legal sobre o corpo da filha e a filha sai chorando superirritada do cômodo? Dramalhão!

Por mais que você possa estar vivendo alguns momentos tensos nesta fase, puberdade definitivamente não é um filme dramático. Trata-se de um momento natural do amadurecimento do corpo. Todo mundo passa por isso. Talvez você deva encará-la mais como uma viagem de trem emocionante do que como um filme melodramático. Se você sabe para onde está indo, a puberdade pode ser uma jornada maravilhosa e o momento perfeito para notar e aprender sobre todas as coisas fantásticas que seu corpo fará a caminho da idade adulta.

O que "puberdade" significa?

Puberdade é definida como o período em que o corpo de um menino ou de uma menina amadurece e se torna capaz de reproduzir. Isso não significa necessariamente que você esteja pronta para ter um bebê, mas que seu corpo está se desenvolvendo para que um dia você possa lidar com essa responsabilidade quando o momento chegar. Puberdade é o processo em que o corpo sai da infância e entra na idade adulta. Por mais que isso possa soar como algo importante — e de fato é! —, não tem por que se preocupar, pois puberdade não acontece de um dia para o outro. Pode ser que você já esteja notando algumas mudanças físicas, mas a puberdade acontece durante anos. O corpo lhe dá bastante tempo para se ajustar e aproveitar a jornada.

O que esperar

Para a maioria das meninas, a puberdade pode começar entre 8 ou 9 anos e, normalmente, vai até mais ou menos os 16 anos. Em algumas garotas inicia-se mais cedo e em outras, mais tarde. Um corpo é diferente de outro, e a puberdade começará no momento certo em sua vida.

A puberdade traz muitas mudanças. Algumas pequenas e fáceis de se acostumar, enquanto outras parecem gigantescas. Apenas lembre-se de que seu corpo é sábio; ele sabe exatamente do que precisa para ajudá-la a se tornar adulta. Aqui estão algumas mudanças previstas durante a puberdade:

Químicas da natureza

Uma vez iniciada a puberdade, o corpo começa a liberar novos hormônios — substâncias químicas responsáveis por algumas das mudanças que você vai vivenciar durante esse tempo.

Tudo está crescendo

Uma das primeiras mudanças perceptíveis é que seu corpo começa a crescer, às vezes, muito mais rápido do que possa perceber. Você começa a ganhar altura, a ter mais curvas ou a ficar mais arredondada (especialmente nos quadris e nas pernas). Tudo depende da sua composição física.

Desenvolvimento dos seios

Uma das maiores mudanças durante a puberdade é o desenvolvimento dos seios. O quão rápido seus seios crescem e o tamanho que vão atingir, só o tempo irá dizer. Há seios de todas as formas e tamanhos. Muitas vezes, um cresce mais rápido que o outro. Eles podem ficar grandes ou pequenos; as duas formas são boas. Não existe um tamanho de mamas melhor do que o outro. Independentemente dos seus seios crescerem super-rápido ou parecerem que estão se desenvolvendo devagar, lembre-se de que esse é o tempo perfeito para o seu corpo!

Pelos nascendo onde?

Você pode perceber que pelos estão nascendo nos mais diferentes lugares, incluindo as axilas, vulva e na

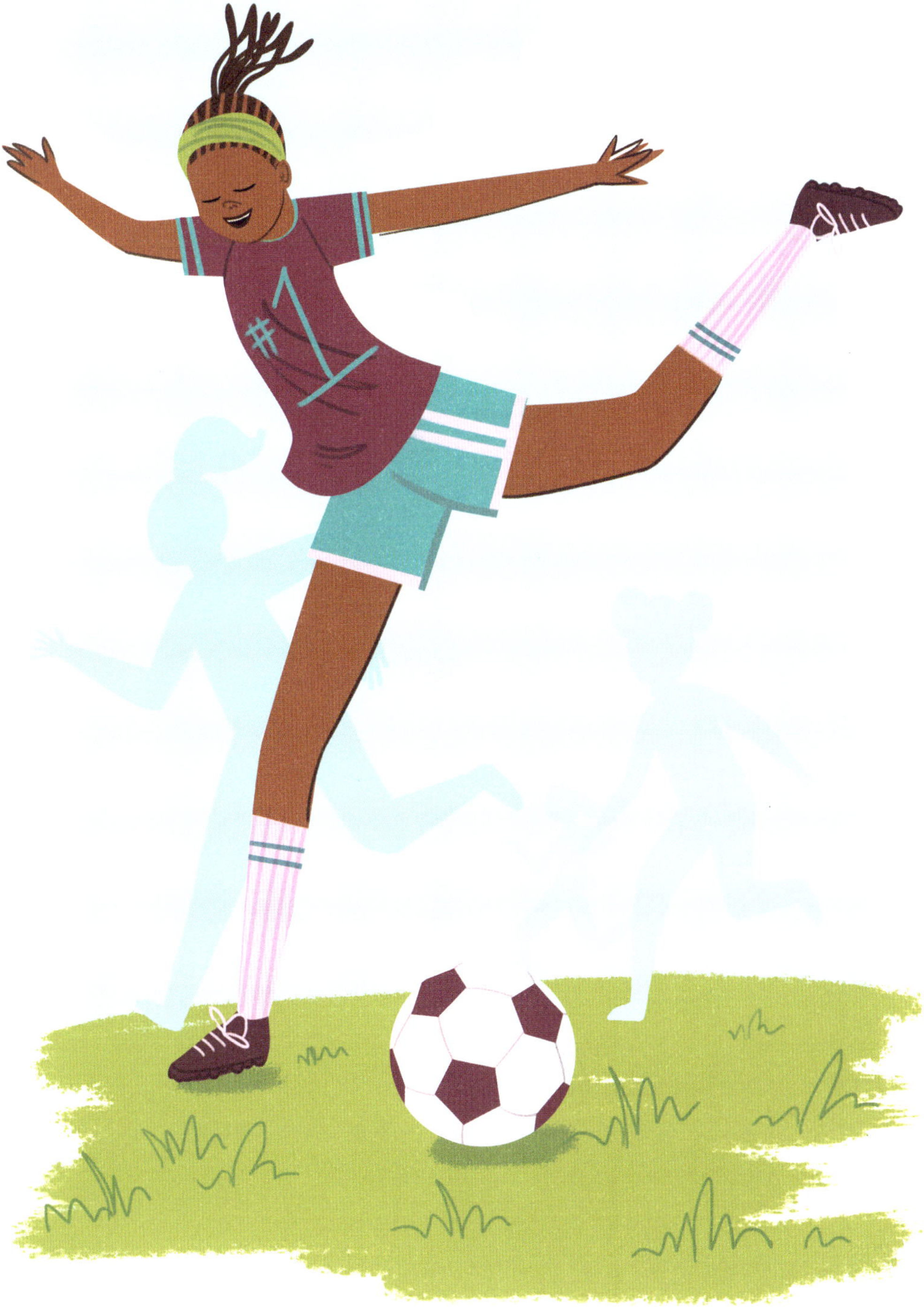
#1

> ### ♥ VOCÊ TEM COMPANHIA! ♥
>
> Enquanto você lê o que escrevo, existem quase 900 milhões de meninas no mundo entre 0 e 14 anos. Isso significa que pelo menos 300 milhões de garotas estão começando a puberdade agora. Neste exato segundo, alguma garota do outro lado do mundo está vivenciando algumas das mesmas experiências que você. Isso mostra que, mesmo no nosso planeta enorme, você nunca estará sozinha.

virilha (que fica ali bem abaixo da barriga). Os pelos que crescem na genitália ou nas partes íntimas são chamados de pelos pubianos. Se você encontrar pelos nos braços e nas pernas que crescem mais grossos e escuros, não se preocupe. Isso também faz parte da jornada da puberdade.

Deixe fluir

Durante a puberdade, seu corpo vai começar a produzir novos fluidos. Isso pode deixar a pele um pouco mais oleosa (o que costuma ser a principal causa da acne) e é comum suar mais do que está acostumada. Vamos falar sobre formas de se sentir fresca e limpa durante a puberdade um pouco mais à frente, mas saiba que todas essas mudanças são normais nessa fase.

Talvez uma das partes mais importantes da puberdade seja o início da menstruação. Em muitas culturas, menstruar é algo especial e muito importante na vida de uma garota. Para outras, é só mais uma coisa interessante que o corpo faz. Para algumas meninas, a primeira menstruação será apenas algumas gotas de sangue na calcinha. Mas, se o fluxo de sua menstruação for mais forte, está tudo bem também. O sangue pode ser vermelho-claro ou escuro ou ainda em um tom mais amarronzado. Como o corpo de todo mundo é diferente, não existe uma única forma para menstruar.

Antes, ou entre as menstruações, pode ser que você também perceba um fluido claro ou branco nas calcinhas. Isso é chamado de corrimento e é completamente normal. Falaremos mais disso nos capítulos a seguir.

Sentindo tudo ao mesmo tempo agora

Enquanto acontecem coisas visíveis com seu corpo nessa fase, também ocorrem mudanças internas interessantes. Uma delas tem a ver com suas emoções. Os hormônios que o corpo produz nesse período podem intensificar as emoções em momentos pessoais de grandes responsabilidades ou em épocas de mais pressão e cobranças, já que você está ficando mais velha. Todas essas novas experiências no seu corpo e no seu mundo podem abalar o seu emocional. Raiva, tristeza, frustração e cansaço são sentimentos que você provavelmente terá, às vezes, todos no mesmo dia. Seja gentil e paciente consigo mesma. Seu corpo está passando por uma transição extraordinária, então se dê uma dose extra de amor.

O que é normal?

Uma das perguntas mais comuns que as garotas fazem sobre as mudanças que acontecem durante a puberdade é: "Ai, mas isso é normal?". A resposta curta para isso é: "Sim!". Seu corpo vai passar por inúmeras novas sensações e funcionar de um jeito diferente durante esse momento importante. Crescer muito rápido ou ver suas formas corporais ganharem novos contornos pode parecer estranho. Você pode inclusive não gostar de algumas mudanças que chegam com a puberdade. Isso tudo é OK.

Apesar de as mudanças físicas serem as mesmas pelas quais outras meninas da sua idade passam, seu corpo é especial porque ele é todo seu. Isso significa que sua experiência de puberdade vai ser única. Quanto mais você conhece e ouve seu corpo, mais facilmente entenderá se alguma coisa que está ocorrendo precisa de atenção especial. Por exemplo, se sentir alguma dor ou certo desconforto durante esse período, converse com um adulto de confiança o quanto antes.

Todo corpo é um corpo incrível

Glenn Marla é artista e diz: "Não existe nada de errado em um corpo!", e não existem palavras mais verdadeiras do que essas. Não importa como seu corpo muda durante a puberdade, lembre-se sempre de que ele é um presente e sempre será único e especial.

Mas nem sempre seu corpo parecerá a você como um presente. Na verdade, haverá momentos em que você vai se perguntar algumas coisas difíceis, como:

★ ★ PALAVRAS IMPORTAM ★ ★

Você já deve ter notado que neste livro quase não usamos as palavras "bonita" e "linda". Há tantas coisas bonitas e lindas no mundo, como as flores, o mar e um pôr do sol perfeito... Porém, existem tantas outras palavras melhores para descrever o que faz as meninas serem incríveis para além da aparência. Ser inteligente, gentil, divertida, leal, esforçada e uma maravilhosa cozinheira de pão na chapa são só algumas dessas características. Todas essas coisas dizem muito mais sobre você do que a palavra "bonita". Quais são as palavras que melhor te definem e que a fazem ser uma garota fantástica?

— Meu corpo continua maravilhoso mesmo quando sou 60 cm mais alta que o menino mais alto da turma?

— Por que sou a pessoa mais pesada do meu grupo de amigos?

— Por que não quero me vestir como as outras meninas? Prefiro usar boné e jogar bola.

— Por que me sinto estranha, esquisita e diferente?

Não importa o quão peixe fora d'água você se sinta. Durante essa fase, uma coisa continua sendo verdade: Você tem um corpo absolutamente maravilhoso! Ninguém mais pode ser você, e é esse seu "eu" que a faz tão especial. Existem meninas de todas as formas, tamanhos, cores e habilidades — e nenhuma é melhor que a outra.

CRESCENDO E MUDANDO

Até este momento, só em outra fase da vida seu corpo mudou tanto quanto está mudando agora... e você ainda estava comendo papinha quando isso aconteceu. A puberdade não a transforma de vez em uma mulher adulta. Ela é o caminho para o seu crescimento, por isso você vai precisar se informar para cuidar do seu corpo em desenvolvimento. E atenção, porque o trem da puberdade está prestes a chegar à primeira estação.

Primeiros indícios da puberdade

Você pode estar se perguntando: "Como eu posso saber se já entrei na puberdade?". A resposta é: Basta ouvir seu corpo. Ele dará pistas de que a sua jornada começou.

Mas, antes mesmo de começar a ver as mudanças físicas, muitas delas já vão ter se iniciado dentro de você. Os ovários, que são glândulas que produzem os hormônios, vão começar a sinalizar que é hora das novas mudanças acontecerem. É durante esse período que você talvez fique mais alta ou com mais curvas do que antes. Essa "espichada" repentina é chamada de pico de crescimento, e falaremos mais sobre isso no Capítulo 2.

Em seguida... seios

Lembra daqueles hormônios que sinalizaram ao restante do corpo que já era a hora de entrar no trem da puberdade? Bem, eles também mandaram uma mensagem aos seios para que comecem a crescer. A primeira coisa que você pode perceber é uma dorzinha ou sensibilidade e uma ponta mais dura nos mamilos, que pode fazer com que as aréolas — os círculos mais escuros ao redor dos mamilos — fiquem maiores ou inchadas, como um calombo. Essa ponta mais dura é chamada de broto mamário e constitui o primeiro sinal do surgimento das mamas, ou seja, dos seios.

Pelos pubianos

Algumas meninas veem indícios de pelos pubianos (também conhecidos como pentelhos) antes dos seios começarem a crescer. Lembre-se de que cada corpo é diferente, e o seu vai fazer o que for perfeito para você. Pode ser que no início você veja pelos finos e claros nas axilas e na região pubiana. Esses pelos eventualmente vão se tornar mais escuros, grossos e, às vezes, enrolados. No Capítulo 4, vamos falar sobre as melhores formas de cuidar dos pelos lá debaixo.

Menstruação amiga

Uma vez que você começou a desenvolver seios e pelos pubianos, logo vai menstruar. Algumas garotas menstruam mais novas, com 8 ou 10 anos de idade. Outras podem começar a menstruar mais velhas, às vezes com 15 ou 16 anos. Pode ser que role muito burburinho na escola entre as meninas sobre quem menstruou primeiro. Mas ovários não conseguem apostar corrida e menstruar pela primeira vez não é uma competição. Sua menstruação começará no momento ideal para você.

Mais pelos

Muitas coisas acontecem com os pelos durante a puberdade, e logo mais você deixará de ter penugens claras e passará a ter pelos mais grossos e escuros nos braços, nas pernas e na área pubiana. Os pelos podem começar a crescer aos 8 ou 9 anos, mas, às vezes, eles demoram até a sua primeira menstruação chegar. Você pode ouvir outras garotas falarem sobre depilação. Depilar é uma escolha pessoal que está totalmente relacionada ao que você quer fazer com seu próprio corpo. Falaremos um pouco sobre isso também no Capítulo 2.

A linha do tempo da puberdade

Se você está sentada no sofá contando as horas para a puberdade chegar, pode ser que ainda espere um tempo, porque ela tem seu próprio cronograma. Mas você pode dar uma olhada na linha de tempo mais comum em que essas mudanças acontecem. Apenas não se esqueça de que esse trem segue seu próprio tempo. Então, pode ser que ele chegue antes ou mais tarde. De qualquer forma, você vai passar pela puberdade, querendo ou não.

CRONOGRAMA

7-11: O corpo começa a produzir hormônios que informam aos órgãos que a puberdade vai começar.

9-14: Você desenvolve brotos mamários, e os seios começam a crescer.

9-15: Você pode ter sua primeira menstruação. Isso normalmente acontece um ou dois anos depois de os seios começarem a se desenvolver. Muitas meninas menstruam pela primeira vez entre 12 e 13 anos, mas algumas começam mais cedo, aos 9 anos, e outras ainda mais tarde, aos 15. Se você ainda não menstruou aos 16 anos, deveria conversar com um adulto de confiança e passar por uma consulta médica para ver se está tudo bem.

10-16: Os pelos pubianos geralmente começam a ficar visíveis. Algumas meninas podem notá-los já com 7 ou 8 anos. Nessa fase, os pelos das axilas e das pernas podem crescer mais grossos e escuros.

15-16: Nesse momento, a puberdade costuma já ter feito todo o seu trabalho. Você pode estar se aproximando da altura que terá quando for adulta e seus seios podem parar de crescer. Se sua menstruação estiver regular, ela deve acontecer uma vez por mês. Muitas garotas não têm a menstruação regulada nessa idade. Falaremos disso mais adiante.

Lembre-se de que a puberdade é teimosa, ela não chega nem um segundo antes de estar pronta. Está tudo bem — só aproveite seu corpo a cada dia.

O tempo da mudança

Pode ser que você tenha perguntas como: "Quanto pelo eu vou ter?" ou "Será que vou ter peitos grandões ou pequenininhos?". Infelizmente, não tem como saber. Seu corpo tem a sua própria receita. O quão rápido essas mudanças acontecem — e como ele vai aparentar depois que elas estiverem concluídas — é algo que só o seu corpo sabe. Por agora, tudo o que você precisa saber é que ele está trabalhando para ajudá-la a crescer e a se tornar uma jovem poderosa. Você está iniciando essa fase com um corpo que você ama e, com certeza, pode terminar a puberdade com um corpo que também amará — talvez você até venha a amá-lo mais!

2

SEU CORPO EM MUDANÇA

Agora que você sabe um pouco mais sobre o que é puberdade e o que aprenderá ao longo desta jornada, vamos explorar mais as especificidades das mudanças esperadas para essa fase maluca e maravilhosa. As coisas mais importantes que você pode adquirir durante o período são confiança e poder. Seu corpo é perfeito exatamente como é hoje e será perfeito durante e depois da puberdade, não importa o quanto mude! Vamos explorar todos os detalhes fascinantes dessas mudanças.

PESO E ALTURA

No fim do capítulo anterior você descobriu que não tem como saber como seu corpo vai aparentar depois de passar pela puberdade porque só ele sabe. Como seu corpo tem toda essa informação secreta? Uma palavra: genes.

Todos os humanos nascem com genes, e eles têm toda a informação de como seu corpo é hoje e de como será depois de passar pela puberdade. Os genes decidem se você vai ser alta ou baixa, mais gorda ou mais magra, se seus olhos serão de um castanho encantador ou de um verde exuberante. Todo humano no planeta tem um conjunto de genes que diferem um do outro.

Apesar disso, normalmente nossos genes são parecidos com os de nossos familiares. Essa informação pode lhe dar algumas pistas de como seu corpo pode aparentar depois da puberdade. Se a maioria das mulheres da sua família são mais baixas, existe uma boa chance de que você também seja. Isso vale para cor do cabelo, tamanho dos seios e peso.

Mas não existe 100% de garantia que haverá semelhanças físicas com outras pessoas da sua família. Seus genes têm características próprias que tornarão seu corpo único no mundo todo.

Pico de crescimento

Na puberdade é fato que seu corpo vai ficar maior e mais forte. Isso significa que você pode esperar que suas roupas fiquem pequenas muito mais rápido do que o usual. Esse intervalo de crescimento rápido se chama pico de crescimento. Durante esse pico, braços, pernas, pés e mãos ficam maiores. Por um breve período, você pode se sentir um pouco como uma girafa bebê aprendendo a se movimentar com novos membros. Bebês girafas são uma graça, e, assim como eles, você logo começará a se sentir confortável com seu corpo em transformação.

Quão rápido e quão alto

Seu crescimento pode continuar pelos próximos quatro a oito anos anos, e outras transformações vão acontecer durante esses períodos de pico de crescimento. Por exemplo, aproximadamente 85% das meninas desenvolvem brotos mamários depois do primeiro pico de crescimento. Pelos pubianos e acne normalmente vêm a seguir. Você provavelmente vai ter outro pico de crescimento logo após essas mudanças, e ele costuma ser um dos maiores durante seus anos de amadurecimento. Normalmente, ocorre depois do início da menstruação. Garotas geralmente crescem mais uns 5 cm nessa época, mas não é incomum crescerem até 8 cm.

Ai! Vai doer?

Não se preocupe! Seu corpo está pronto para essa jornada. Durante esse tempo de crescimento extra, algumas meninas vivenciam as chamadas dores de crescimento. Essas dores não ocorrem em decorrência do seu corpo estar crescendo (a maior parte do crescimento dos ossos acontece durante o sono), mas é comum ter dores e incômodos nos músculos de vez em quando. Os médicos não têm certeza do que causa essas dores de crescimento, mas fazer exercícios como alongamento antes de dormir pode diminuir o desconforto.

Dormir bastante, se exercitar e se alimentar direito também vai ajudar a suavizar os muitos efeitos colaterais da puberdade, incluindo as dores de crescimento. Depois falaremos mais de hábitos saudáveis. Por enquanto, saiba

> ★ ★ **CONSUMA CÁLCIO** ★ ★
>
> Durante qualquer um dos picos de crescimento é importante ter certeza de que seus ossos estão fortes e saudáveis. Uma das melhores formas de cuidar deles é ter cálcio suficiente na dieta. Cálcio é um mineral que dá força aos ossos e, sem ele, você pode desenvolver alguns problemas de saúde sérios mais tarde na vida adulta. Médicos afirmam que garotas entre 9 e 18 anos devem ingerir, diariamente, por volta de quatro porções de alimentos com grande quantidade de cálcio para se manterem fortes. Leite é um desses alimentos ricos em cálcio, mas não é a única possibilidade. Vegetais verdes, como couve ou brócolis, iogurte e peixes são ricos em cálcio também.

que as dores de crescimento são comuns quando se tem um corpo que cresce. No entanto, fale com um adulto se sentir dores mais fortes nas articulações (joelhos, tornozelos, cotovelos etc.).

Pergunte a um adulto sobre escoliose

Como já disse, a maioria das novidades que seu corpo apresentará serão mudanças normais pelas quais todas as meninas passam durante a adolescência. Mas, às vezes, seu corpo pode alertar sobre algum problema mais grave. Nesses casos, você deve sempre contar a um adulto de confiança o que está acontecendo.

Alguns jovens descobrem que, quando começam a crescer rápido, a espinha dorsal para de crescer de forma reta e começa a se curvar como uma letra S. Essa curva da espinha dorsal é chamada de escoliose. Às vezes, a escoliose é fácil de notar porque pode parecer que você está se inclinando para um lado ou um dos ombros está mais alto do que o outro. Para ter um diagnóstico, o pediatra pode pedir um exame para avaliar sua espinha dorsal. Muitas vezes, a escoliose é mínima e não requer tratamento, mas em alguns casos pode demandar maior atenção. Para aprender mais sobre escoliose, você pode falar com um médico ou um adulto de confiança.

Mudanças de peso e silhueta

Mudanças de peso e silhueta (o contorno do corpo) também ocorrem no trem da puberdade. Uma das coisas que você deve se lembrar durante esse período é que seu corpo sabe o tamanho e o formato que ele deve ter, e se você cuidar bem dele, vai ajudá-lo a ser o melhor corpo para você.

Meninas são bombardeadas com mensagens sobre seus corpos e como eles "deveriam" aparentar. Bom, essas "mensagens" são bobagens, porque cada corpo é único e não precisa ser igual ao de mais ninguém. Um pouco antes neste capítulo, falamos sobre como os genes determinam muito como seu corpo vai aparentar depois da puberdade. Genes também determinam como será sua silhueta. Talvez você seja baixa e esguia como a sua tia, ou talvez você seja alta e corpulenta como a sua avó. Seus genes mantêm toda a informação secreta do seu corpo, o que também significa que você pode ter o mesmo peso e altura de outra pessoa e ainda assim ambas terem corpos de aparência completamente diferente.

    No transcorrer da puberdade, pode ser que você perceba que seu corpo está ficando mais macio e arredondado nos quadris e nas coxas. Também pode ser que veja sua cintura se estreitar e que há mais gordura nos braços e nas costas. Essas mudanças de peso e silhueta costumam acontecer na mesma época da mudança de altura. Enquanto cresce, você também ganha mais peso. Parte desse ganho envolve o crescimento dos seios. A melhor forma de se manter saudável e forte durante essa parte da puberdade é se alimentar com comida natural e saudável e se movimentar buscando saúde e bem-estar.

Gordura é segura!

Tem gente que usa a palavra "gorda" para debochar dos outros ou para ser má. Alguém obviamente esqueceu de contar para essas pessoas que todos os corpos são bons corpos.

Gordura tem uma reputação ruim, o que é horrível porque todo mundo precisa de gordura. Desenvolver um corpo saudável durante a puberdade significa que você precisa desenvolver músculos e gordura corporal. Alguns corpos são naturalmente mais pesados do que outros, e seu corpo precisa de gordura para passar pela puberdade.

Por que a gordura é tão importante? Bom, ela ajuda o cérebro a pensar, os órgãos a funcionar, o cabelo a crescer, os olhos a enxergar e muito, muito mais. Sem gordura, o corpo simplesmente não teria energia para passar pela puberdade. E perder muita gordura corporal pode causar vários problemas, como ossos fracos, cabelo danificado e sem vida e até mesmo falência dos órgãos. Então, vamos parar de tortura com a gordura!

Abrace seu corpo

Assim como existem comerciais e anúncios na TV e nas revistas que tentam dizer às garotas que ser gorda é ruim, também existem mensagens que dizem que garotas devem ter seios grandes e curvas para serem garotas de verdade. É claro que você sabe que isso é baboseira, porque não existe isso de ser uma garota "de verdade". Se você se sente uma garota, você é uma garota! Seus genes, que foram especialmente feitos para você, podem

★ ★ DIETA? CALMA LÁ! ★ ★

Nem toda dieta é boa ou recomendável para todo mundo, mas vemos comerciais sobre o assunto todo dia na TV, internet, revistas etc. Você pode estar se perguntando: "Se nem todas as dietas são boas pra gente, por que as pessoas continuam nos dizendo para fazê-las?". A resposta curta é: dinheiro. As pessoas que fazem comerciais e vendem dietas ganham muito dinheiro ao convencer outras pessoas a consumirem seus produtos mesmo quando elas não precisam deles.

Dietas podem não ser adequadas para jovens garotas porque elas podem impedir o seu corpo de obter a nutrição necessária para atravessar a puberdade. Se você está preocupada quanto ao seu corpo estar saudável, você deveria falar com um adulto de sua confiança ou ir ao médico. Examinar o coração, os pulmões, a pressão sanguínea, os níveis de vitaminas e outros índices relacionados à saúde vai deixá-la mais tranquila. Também existem sites com boas dicas para levar uma vidar saudável, seja qual for seu tamanho.

definir que seja alta e esguia ou baixa e mais corpulenta. Ser uma garota com um corpo magro é tão bom quanto ser uma garota cheia de curvas. Não existe um corpo melhor do que o outro. Nada disso importa. Seu corpo está se desenvolvendo para ser aquilo que ele foi feito para ser — perfeito para você!

SEU CABELO E SUA PELE EM MUDANÇA

Assim como o corpo está mudando de forma e tamanho, outras partes também estão. Veja quais são a seguir.

Pelos e cabelos não são um pesadelo

A cor e o crescimento do cabelo e dos pelos são determinados pelos genes. (Genes são bem mandões, não é?) Isso significa que você pode passar menos tempo se preocupando em como ficará e pensar mais sobre os jeitos de cuidar do cabelo e da pele magníficos que seus genes já lhe deram ou estão preparando para você.

Na ponta da cabeça

Não acredite nos comerciais que mostram mulheres balançando seus cabelos longos, brilhantes e sedosos. Não é assim que a maioria das garotas aparenta. Cabelos, assim como corpos, existem de todas as maneiras: curto, longo, fino, grosso, encaracolado, crespo, liso, ondulado, ruivo, preto, loiro, caramelo, acobreado, platinado, castanho-escuro, castanho-claro... as possibilidades são quase infinitas!

    Assim como existem vários cabelos diferentes, existem maneiras diferentes de cuidar do seu tipo específico de cabelo. Por exemplo, se você tem cabelo liso e fino, que fica oleoso rápido, talvez precise lavá-lo com mais frequência, dia sim, dia não. Se você é uma garota com o cabelo mais encaracolado e grosso, esse tipo tende a ser mais seco, e lavar o cabelo com tanta frequência pode causar caspa (pedacinhos de pele morta do couro cabeludo) ou deixar os fios quebradiços. Nesse caso, lavar o cabelo menos vezes por semana pode ser melhor para você.

    Não importa qual seja seu tipo de cabelo, você vai querer se certificar de que ele está limpo, sem nós e arrumado diariamente. Para encontrar um xampu e um condicionador adequados e de que goste, talvez precise testar alguns diferentes, mas não precisa gastar um monte de dinheiro. Caro não significa necessariamente melhor. No YouTube não faltam vídeos sobre cuidados com o cabelo que podem ajudá-la a encontrar a melhor forma de cuidar do seu.

Pelo pela culatra

Para muitas meninas, o primeiro sinal perceptível da puberdade é o desenvolvimento dos brotos mamários, mas, para aproximadamente 15% das garotas, o primeiro sinal da puberdade são os pelos pubianos. Quase todo mundo ganha algum pelo, mas o quanto cada uma ganha vai variar... Nossos pelos pubianos costumam ser parecidos com os outros pelos que temos no corpo. Isso quer dizer que, se você tem cabelo mais claro, é provável que seus pelos também sejam assim. Se tem cabelo mais escuro, pode ser que seus pelos cresçam mais escuros. Pelos podem ser espessos, ralos, finos ou grossos, tudo depende dos... isso mesmo, você adivinhou, seus genes.

Mas onde?

Você pode primeiro notar pelos nas axilas ou entre as pernas na área do púbis (a pele macia bem abaixo da barriga). Nos seus braços e pernas, e, ocasionalmente, algumas garotas também têm pelos nos seios. Às vezes, garotas também desenvolvem pelos no buço, nas costas e no queixo. Sim, pelos por todos os cantos é normal. Afinal, humanos são mamíferos, e todos os mamíferos possuem ou já possuíram pelos.

Depilar ou não, eis a questão

Certamente, você vai ouvir um monte de gente falando sobre depilar os pelos. Depilar ou não é uma escolha que só você pode fazer. Não importa qual seja a decisão, é importante lembrar que ter pelos durante a puberdade é uma parte natural dessa fase, e você não é de jeito algum obrigada a se livrar deles se não quiser. Depilação é um pouco como as dietas: empresas ganham um dinheirão tentando convencer o consumidor a comprar seus produtos removedores de pelos. Elas querem que você comece a se depilar agora para que compre cremes e aparelhos de depilação durante toda a vida.

Apenas mantenha em mente que algumas pessoas escolhem depilar as axilas para manter os odores corporais sob controle. Durante a puberdade, os novos hormônios podem fazer com que você transpire mais. Suor em si não tem cheiro, mas, quando se mistura com as bactérias presas nos pelos das axilas ou entre as pernas, pode ser que se perceba um cheirinho ruim. A depilação não é a única forma de resolver os odores corporais, e vamos falar sobre outras opções para lidar com esses cheiros mais à frente. Se você decidir que quer mesmo se depilar, converse com um adulto de confiança que pode orientá-la sobre um bom aparelho ou produtos para depilação. Se certifique de que as lâminas do aparelho sejam novas para evitar pequenos inchaços ou uma irritação na pele. E não se esqueça de que, quando você se depila, a área depilada costuma coçar quando o pelo volta a crescer.

A pele que habito

Você sabia que a pele é o maior órgão do corpo humano? Pois é, da cabeça aos pés, essa é uma área grande a se cobrir. E, por mais que sua pele precise de atenção especial para continuar brilhando durante a puberdade, não se preocupe. O segredo para uma pele saudável é simples: dê a ela água, descanso e alimentação adequada.

Espinhas e cravos

Uma das preocupações das meninas durante a puberdade diz respeito à acne (também conhecida como espinhas). O que você precisa saber é que a puberdade não vai condená-la a uma vida de produtos para controlar acnes e espinhas. Por mais que ter acne durante esse período seja uma realidade, adotar uma boa rotina de cuidado com a pele pode ajudar a minimizar as ocorrências. Mas espinhas são de fato uma parte da puberdade pela qual a maioria de nós passa. Quando a produção de hormônios que sinalizam o início da puberdade se intensifica, esses hormônios também passam a produzir óleo extra dentro do seu corpo. É comum que esse excesso de óleo se misture com suor e sujeira tapando os poros (buraquinhos minúsculos na sua pele). Os poros obstruídos (que foram fechados com a poluição diária) causam acne e cravos.

  Lavar o rosto diariamente com sabonete suave e depois passar um hidratante deve ajudar a limpar a maior parte das bactérias que causam acne. Se você notar uma incidência maior de cravos e acnes, talvez queira ir a uma farmácia com um adulto de confiança para comprar algum produto antiacne que contenha propriedades cicatrizantes e que acalmem a pele.

Às vezes, surtos de acne podem se tornar mais sérios do que os tratamentos de farmácias podem proporcionar. Se você está com uma acne difícil, resultando numa pele inflamada e que não sara, peça a um adulto que a leve a um dermatologista (médico de pele). Esse profissional deve lhe indicar medicamentos mais eficazes para esse fim.

Sol legal

A pele de todo mundo precisa da luz solar, mas o tempo adequado de exposição depende do seu tipo de pele.

♥ VOCÊ TEM COMPANHIA! ♥

Espinhas fazem parte do seu desenvolvimento. Elas são tão comuns que 85% das garotas terão acne durante a adolescência. Isso quer dizer que quase todo mundo tem espinhas.

Os raios do sol podem ser uma delícia, mas em excesso são perigosos para alguns tipos de pele. Se você tem a pele mais clara ou pálida, deve sempre usar protetor solar porque a luz do sol pode penetrar na sua pele com mais facilidade e causar queimaduras. Passar muito tempo exposta aos raios solares sem protetor também pode levar a doenças sérias, como câncer de pele, independentemente da cor da sua pele.

Procure um protetor solar com FPS (fator de proteção solar) 30 ou mais e se certifique de que o produto seja à prova d'água. Mesmo que você não vá nadar, pode suar — e não quer que seu protetor saia.

Se você tem a pele mais escura, isso quer dizer que é mais difícil para os raios do sol penetrarem nela. Enquanto isso dificulta a ocorrência de queimaduras, também atrapalha a absorção dos nutrientes que ganhamos do sol — particularmente a vitamina D. Por causa disso, você talvez precise se expor aos raios solares com maior frequência. Mesmo que não tenha a pele mais escura, mas use véu ou outra forma de cobrir partes do corpo por causa da religião ou cultura, procure oportunidades de se expor um pouquinho ao sol quando for possível. Seu corpo agradecerá com saúde mais tarde!

Dando o tom

Existem meninas de todas as cores e tonalidades. Você pode ser rosa-pálido, marrom-escuro ou ter qualquer outra tonalidade entre as muitas existentes. A diferença das cores de pele dos humanos depende da etnia de origem de seus ancestrais. Se seus ta-ta-ta-ta-tataravós vieram de algum lugar mais frio, como alguns lugares da Europa, pode ser que você tenha pele mais clara e pálida pela ausência de sol. Se seus ancestrais vieram de algum lugar mais quente, como África ou Oriente Médio, ou pertenceram a povos indígenas da América Latina, é provável que você tenha uma pele com algum tom de marrom, seja mais claro ou mais escuro.

Algumas pessoas gastam muito tempo e dinheiro tentando mudar a cor de sua pele. Meninas costumam passar horas ao sol ou em salões tentando se bronzear, enquanto outras compram cremes clareadores e outros produtos para tentar clarear a pele. Tanto o bronzeamento constante quanto clareadores são prejudiciais à pele e à saúde. Isso sem contar que a cor da sua pele é estonteante do jeito que ela é!

Bolhas, verrugas e feridas... então tá!

Durante a puberdade, o corpo faz coisas novas e incomuns que podem surpreender você ou parecer um pouco esquisitas. Uma dessas coisas envolve "despertar" alguns vírus que estavam dormindo no nosso organismo e então acordam e começam a causar sintomas. Isso tudo faz parte da jornada da puberdade. Você pode notar algumas bolhas onde nunca teve antes, às vezes nos braços ou pernas. Essas bolhas podem ser verrugas causadas por um vírus humano chamado *Papilomavírus Humano* (HPV). Contrai-se o HPV através do contato entre peles, e quando o vírus está presente ele pode mostrar sinais na forma de verrugas. Se você notar verrugas no corpo, não esprema, coce ou cutuque, porque isso pode fazer com que elas se espalhem. Se você notar verrugas nas áreas genitais, vá com um adulto ao médico para que ele indique o melhor tratamento, aquele mais adequado para você.

  Outro vírus danado que por vezes está passeando quieto por nosso corpo se chama *Herpes Simplex 1* (HSV-1). Esse vírus pode causar herpes labial, que são feridas desconfortáveis ao redor da boca ou nos lábios. Herpes labial também é contagioso, então não mexa ou cutuque as lesões se estiverem infectadas. Pode ser que as feridas sarem e reapareçam ao longo dos anos, pois o vírus sempre vai viver no seu corpo. Você pode se prevenir de contrair o vírus ou de ter surtos frequentes evitando compartilhar coisas como batom, brilho labial, escova de dente ou copos com alguém que tenha herpes labial. Se já tiver o vírus, você também deve evitar excesso de sol, estresse ou alimentos ácidos, como laranja e limão, porque eles podem aumentar a frequência e o desconforto dessas feridas. Se contrair herpes labial, é possível encontrar na farmácia remédios para aplicação local que aliviem as feridas. Se você está tendo herpes labial com frequência ou elas são dolorosas, converse com um adulto e vá a uma consulta médica.

Que cheiro é esse?

Uma hora, você pode voltar para casa depois de ter passado o dia correndo por aí e se pegar dizendo "nossa, que cheiro é esse?", para só então perceber que é seu. Você acabou de descobrir que está desenvolvendo odor corporal. Lembre-se de que seu corpo está produzindo maior quantidade de hormônios e existem novas glândulas de suor nas axilas, nos pés e entre as pernas. Essa combinação às vezes pode ficar um pouco fedida. Mas odor corporal é uma parte comum da puberdade, e, com bons hábitos higiênicos, você pode cheirar como uma rosa!

Você produz suor e novas bactérias todos os dias, então precisa lavar o corpo diariamente. Dê uma atenção especial às axilas, aos pés e à genitália. Experimente tipos diferentes de desodorante ou antitranspirantes para controlar o cheiro das axilas. Desodorantes não fazem com que você pare de suar, mas evitam que o suor fique fedido. Certifique-se de que não está usando demais, porque muitas pessoas são sensíveis aos componentes do desodorante. Antitranspirantes fazem com que seu corpo não sue e devem ser usados apenas nas axilas. Suor é uma função necessária do seu corpo e, sem ele, você pode ter hipertermia (aumento da temperatura do corpo) ou mesmo ficar doente.

O BÁSICO DO CORPO

Enquanto seu corpo cresce e se desenvolve, você precisará se dedicar a cuidar bem dele ao longo do caminho. Cuidar do corpo é a melhor forma de mostrar que o ama. Aqui estão algumas coisas básicas que vão orientá-la a ser uma boa amiga para seu corpo.

Abra um sorriso

Crescer significa perder os dentes de leite e ganhar uns grandes molares. OK, talvez não sejam grandes, mas a verdade é que os dentes que substituem os dentes de leite que caíram vão estar contigo por toda a vida. Não existe hora melhor do que o momento presente para cuidar deles.

Para manter os dentes fortes e saudáveis, você deve escová-los pelo menos três vezes por dia e passar fio dental depois de cada refeição. Quando você não mantém a escovação e o fio dental em dia, pode desenvolver placa dentária e tártaro.
A placa dentária é uma espécie de película pegajosa que você sente nos dentes quando não os escova adequadamente; é feita de bactérias que se escondem na boca e se proliferam. Se ficarem por muito tempo, essas bactérias causarão mau hálito e outros problemas, como tártaro. O tártaro se forma quando a placa dentária cresce e se endurece nos dentes; depois de um tempo, pode amarelá-los e se transformar em cáries.

Certifique-se de escovar os dentes por pelo menos dois minutos inteiros para garantir que está se livrando da placa dentária e evitando o desenvolvimento de tártaro. Proteja seus dentes também evitando doces e bebidas muito açucaradas, pois elas são as responsáveis pelas cáries.

Garanta que um adulto leve você ao dentista pelo menos uma vez ao ano para uma limpeza bucal profissional e também para orientar se você precisa de aparelho ortodôntico ou outros cuidados bucais. Os bons hábitos dentários que você desenvolve agora vão ter reflexos por toda a vida (e contribuir para que seus dentes durem mais também!).

Boca aparelhada

Durante a puberdade, pode ser que você descubra que precise usar um aparelho ortodôntico se seus dentes não estiverem nascendo retos ou se sua mordida estiver "desencaixada". Aparelhos ortodônticos têm uma longa história. Hoje, podem ser de metal, invisíveis, de cerâmica, só usados à noite e alguns ainda vêm com borrachinhas de cores maneiras para escolher. Aparelhos ortodônticos podem ser divertidos. Seu dentista recomendará uma consulta no ortodontista se concluir que você precisa deles.

Cuidando das orelhas, olhos e unhas

Assim como seus dentes, outras partes do corpo exigem um pouco mais de cuidado, uma vez que você entrou na puberdade.

Brincos e *piercings*

Você ama brincos? Talvez suas orelhas já sejam furadas ou talvez você esteja pensando em fazer um furo novo e maneiro igual ao da sua melhor amiga. Mas, de qualquer forma, furar as orelhas ou qualquer outra parte do corpo é algo importante e que requer cuidado. Brincos e *piercings* podem ser legais, mas eles também podem causar infecções sérias se os furos não forem bem feitos. É muito importante um profissional habilitado para fazer esse tipo de procedimento. Também se certifique de que o profissional use agulhas descartáveis, uma joia que nunca foi usada em ninguém antes e que tudo seja esterilizado.

Furar as orelhas não costuma doer muito e cicatriza bem rápido, mas isso não acontece com todas as outras partes do corpo. Algumas partes podem demorar um bom tempo para cicatrizar e podem ser mais propícias a infecções do que outras. Fale com um adulto antes de colocar qualquer brinco. É importante que você saiba que é ilegal fazer um *piercing* em menores de 18 anos.

Fique de olho!

Independentemente dos seus olhos serem escuros como a noite, verde-azulados como o mar ou de um castanho que fica caramelo ao sol, eles ainda precisam de cuidado e atenção. Pode ser divertido usar sombra e rímel, mas esses cosméticos podem prejudicar os olhos se você não tomar cuidado. Se usar maquiagem no olho, certifique-se também de utilizar um demaquilante suave e de lavar o rosto com água morna antes de dormir.

Dormir de maquiagem não é bom para a pele e nada saudável para os olhos.

Não se esqueça de que seus olhos também estão se desenvolvendo durante a puberdade! O rápido crescimento dos globos oculares pode causar problemas de visão como miopia, ou seja, quando você consegue enxergar bem de perto, mas tem dificuldade de enxergar de longe. Se você reparar que as imagens a distância estão embaçadas, que precisa apertar os olhos para conseguir ver ou que está sentindo dor de cabeça com frequência, esses podem ser sinais de miopia. Converse com um adulto responsável para que ele agende um oftalmologista para avaliar sua visão.

Miopia é tratada com prescrição de óculos de grau ou lentes de contato. Por causa da sua idade, provavelmente a recomendação será usar óculos. Óculos podem ser uma aposta para marcar seu estilo, então seja criativa! Você pode escolher óculos com estampa de bolinhas ou listrinhas. Pode escolher hastes rosa-choque ou fazer a clássica com uma armação preta. Qualquer que seja sua escolha, óculos são uma ótima maneira de expressar personalidade!

Pé na porta com garras e unhas!

No trem da puberdade, pode ser fácil acabar pulando as estações das mãos, pés e unhas, especialmente com todas as outras paisagens admiráveis para se ver. Mas essas partes precisam de atenção porque o cuidado com elas é importante para um corpo saudável e feliz. Manter as mãos limpas pode reduzir os germes e as bactérias que são transmitidos para o rosto e geram surtos de acne, herpes labial e outras infecções. Toda vez que for ao banheiro, lave as mãos direitinho. Uma boa lavagem das mãos deve levar em torno de 20 segundos. (Aqui vai uma dica: cantar *Parabéns para Você* duas vezes leva por volta de 20 segundos).

Porque você está produzindo novas glândulas de suor durante a puberdade, vai reparar que seus pés também estão ficando um pouco suados. Suor nos pés costuma dar chulé. A melhor forma de evitá-lo é lavar os pés regularmente. Use meias limpas todos os dias e mantenha os pés secos e hidratados — isso pode ajudar a diminuir o mau cheiro.

Unhas também podem ser uma maneira espetacular de se expressar, mas para isso você precisará cuidar delas. Roer as unhas não é uma boa ideia, porque cria cutículas (pedaços de pele que se soltam) que inflamam com facilidade. Ao roer as unhas você manda para dentro da boca toda a sujeira que estava debaixo delas... Eca! Peça a alguém mais velho para ensinar você a usar o cortador de unhas e a lixa para que, com os hábitos de cortar e lixar, suas unhas cresçam fortes. Lixar as unhas quadradas em vez de redondas também previne que elas quebrem com frequência.

Manicures e pedicures são mais que bem-vindas, e escolher cores bacanas de esmalte pode ser outra forma de exibir sua personalidade por aí, mas atenção: é possível que você seja alérgica a algum componente dos esmaltes ou do removedor. Além disso, unhas postiças podem enfraquecer as unhas naturais e prejudicá-las ao longo do tempo. Assim como brincos e *piercings*, você deve se certificar de que a pessoa que vai fazer sua mão ou pé esteja usando materiais esterilizados antes de utilizá-los em você. Cuidar das unhas das mãos e dos pés em casa também pode ser divertido e ajuda a economizar dim-dim.

3

SEIOS E SUTIÃS

Entramos agora na estação mais lotada do trem da puberdade, a central dos seios. A chegada nessa estação normalmente vai se dar ao longo de muitos anos com algumas paradas rápidas durante o caminho. Não importa quando você chegue, o desenvolvimento dos seios é a maior mudança do corpo durante a puberdade, e você vai querer estar preparada quando acontecer. Juntas, vamos garantir que tenha tudo o que precisa saber para se sentir confiante e poderosa enquanto aprende a cuidar do seu corpo em desenvolvimento.

UMA NOVA SILHUETA – DESENVOLVENDO SEIOS

Entre os últimos 8 a 11 anos é possível que você tenha se acostumado com seu corpo e sua aparência. É como um casaco que você tem já faz um tempo, confortável e familiar. Claro, você ficou mais alta, seus pés ficaram maiores. Mas, de maneira geral, você conhece seu corpo desde que se entende por gente, e se ajustar às novidades dessa fase pode ser um desafio para você, ainda mais porque as mudanças parecem se dar do dia para a noite. Antes de acordar pensando "Ué, quando meu peito reto virou uma paisagem com montanhas?", vamos falar sobre o que exatamente pode esperar quando seus seios começam a se desenvolver.

  O desenvolvimento dos seios é uma das maiores mudanças corporais que caracterizam a puberdade, mas nada ocorre do dia para a noite. Na verdade, existem cinco estágios do desenvolvimento dos seios que acontecem no decorrer de vários anos. Se você está para mergulhar no primeiro estágio ou nadando no terceiro, aqui estão algumas informações sobre os seios enquanto eles crescem e se modificam.

O que já está lá

Estes são os estágios de desenvolvimento dos seios:

Estágio 1: Seios pré-adolescentes entre os 8 e os 11 anos

Antes de começarmos a falar sobre como os seios crescem, devemos começar pelo começo. Você já tem mamilos, que são os pequenos botões no meio das aréolas, aqueles círculos mais escuros nos seios. Os mamilos podem ser retos ou pontudos. Às vezes, começam retos e podem ficar pontudos quando está frio — eles são sensíveis! Cada mamilo têm um buraquinho que você não consegue ver, e por esses buraquinhos, bem pequenininhos, um dia, vai sair o leite que alimenta os bebês. Sim, exatamente como as vacas, humanos produzem leite também! Na verdade, todos os mamíferos produzem leite.

Estágio 2: Brotos mamários por volta dos 10 aos 11 anos e meio

Se você se lembra do Capítulo 1, a primeira coisa que deve notar ao começar o desenvolvimento dos seios é um calombo pequenininho bem debaixo do mamilo chamado broto mamário. Os brotos mamários se formam quando o tecido mamário e as glândulas mamárias (que são as produtoras de leite durante a gestação) começam a crescer. Os brotos mamários podem ser tão pequenos que você talvez nem perceba que eles estão lá. Mas eles fazem com que sua região peitoral fique dolorida e sensível. Se você sentir um pequeno desconforto, não se preocupe. São só seus seios fazendo exatamente o que eles devem fazer. Você talvez tenha brotos mamários de tamanhos completamente diferentes, ou pode ter um broto de um lado, mas não de outro. O crescimento dos seus seios não pode ser comparado ao de nenhuma amiga. Sua experiência será toda sua, então não deixe ninguém lhe dizer como seus peitos "deveriam" ser. Organismos diferentes passam pelos mesmos processos, ainda que cada um a seu tempo.

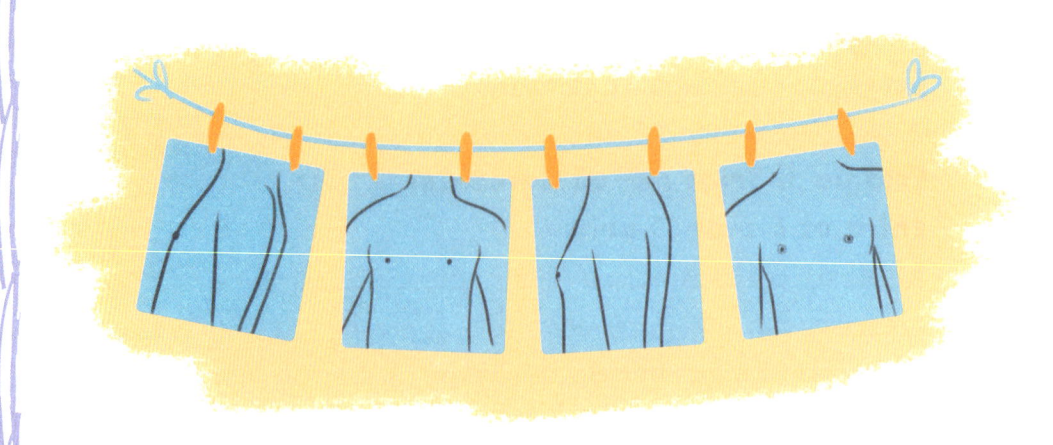

Estágio 3: Desenvolvimento dos seios por volta dos 11 anos e meio aos 13 anos

Depois do crescimento dos brotos mamários, os seios começam a desenvolver mais tecido adiposo (tecido que guarda gordura) e glândulas mamárias. Nesse estágio, você notará que seus seios estão num formato mais ou menos parecido com um cone. Durante esse período, também pode perceber que a aréola está ficando maior e mais fofinha. Esses indícios apontam que o seu trem da puberdade corre a todo vapor nos trilhos.

Estágio 4: Pico da puberdade
por volta dos 13 aos 15 anos

Durante esse estágio, os seios vão começar a perder o formato de cone que ganharam no estágio 3 e começarão a tomar o formato que seus seios terão quando você for adulta. As mudanças no formato dos seios nesse estágio são causadas em sua maioria por um hormônio chamado estrogênio, que é um tipo de chefão da puberdade, determinando quando um trabalho começa e quando é finalizado. Além dos seios, o estrogênio manda em muitas outras mudanças trazidas pela puberdade e também está no controle da menstruação.

A maioria das meninas menstrua pela primeira vez entre o estágio 3 e 5 do desenvolvimento dos seios. Falaremos mais sobre isso a seguir. Por enquanto, apenas saiba que, quando você chegar nesse estágio, normalmente pode se considerar no pico da puberdade.

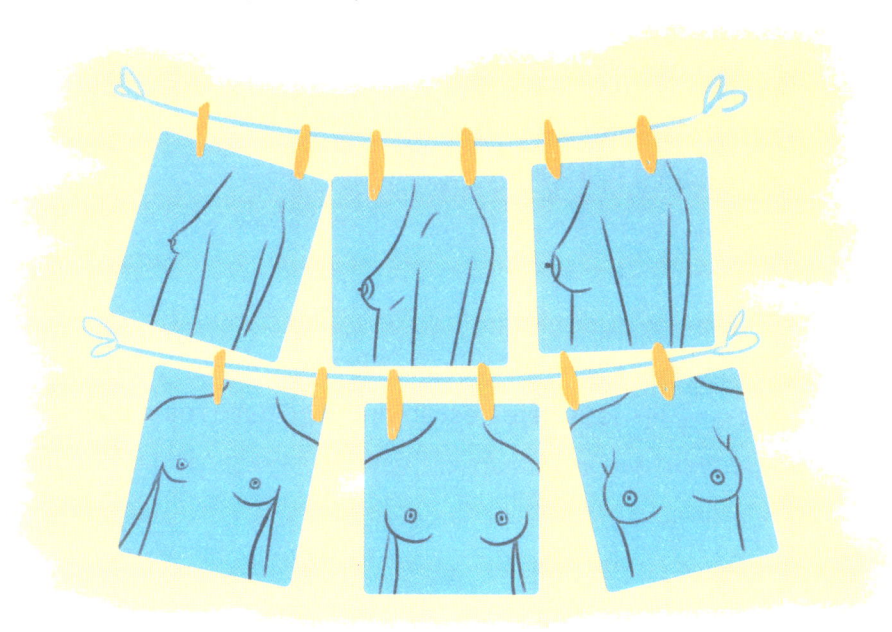

Estágio 5: Seios maduros por volta dos 15 anos

O quinto estágio é o final do desenvolvimento dos seios na puberdade. Nele, seus seios atingiram a maturidade e já estão no tamanho e formato definitivos. A média é que as garotas levem de 3 a 5 anos para ir do primeiro ao quinto estágio do desenvolvimento dos seios, mas algumas podem levar até 10 anos. Lembre-se de que essa é a maior estação ao longo da jornada!

O seu tempo é o tempo certo

Agora você pode estar pensando "Mas eu já tenho 10 anos e ainda não cheguei no estágio 2, qual é?!", ou então pode ser que esteja refletindo "Espera aí! Eu tenho 9 anos e já estou no estágio 3. O que está acontecendo comigo?". O que acontece é que só o seu corpo e sua receita secreta para a puberdade sabem o momento e o ritmo de cada estágio. É importante ser paciente com seu corpo enquanto ele se transforma.

Também é importante perceber quais as mudanças que estão acontecendo, pois, em alguns casos, é importante compartilhá-las com um adulto. Por exemplo, algumas meninas entram na fase de mudança antes do corpo estar completamente pronto. Isso é chamado de puberdade precoce. Outras podem começar muito mais tarde, o que é chamado de puberdade tardia. Se você está percebendo mudanças no seu corpo e tem menos de 8 anos, ou se você tem 14 anos ou mais e ainda não percebeu nada, converse com

> ★★ **FATO FASCINANTE** ★★
>
> Sabe-se que 50% das mulheres têm um seio menor do que o outro. O esquerdo é normalmente menor e os médicos não sabem bem o por quê.

um adulto de confiança para providenciar uma consulta médica que determine se o seu trem da puberdade está no horário.

Formas e tamanhos e tudo que é estranho

Talvez você perceba que as pessoas falam bastante sobre seios em comerciais, filmes e séries. O lance é: seios são incríveis. Afinal de contas, eles se desenvolvem para que um dia, se quiser, você possa alimentar um bebê com o seu corpo. Isso é bem impressionante! Seios são incríveis devido ao que podem fazer, não pelo que aparentam. Seios grandes não são melhores do que seios pequenos e vice-versa.

Lá no Capítulo 1, falamos sobre como nossos genes decidem como o corpo se parecerá depois da puberdade. Genes também determinam o tamanho e a forma dos seios. Seus seios podem ser do tamanho de um kiwi ou de uma tangerina. Eles podem ser do tamanho de uma manga ou menores, como uma ameixa. Existem tantas formas e tamanhos de seios quanto existem garotas no planeta. Qualquer formato que seu seio tenha vai ser o adequado para seu corpo.

EU PRECISO DE UM SUTIÃ?

Ainda que ter seu primeiro sutiã seja um motivo de festa ou de desespero, ele precisa ser confortável. A primeira coisa que deve saber é que nenhuma garota necessita usar sutiã, e muitas meninas e mulheres não usam. Sutiãs são feitos para facilitar um pouco os movimentos quando você está correndo, pulando, dançando, praticando esportes ou quaisquer outras atividades balançantes. Isso significa que você não precisa de verdade de um sutiã até seus seios estarem grandes o bastante para você os sentir se movendo dentro das roupas, ou se estiverem doloridos e sensíveis e você optar por colocar uma proteção entre eles e a camiseta.

Se vestir sutiã não lhe parece confortável, está tudo bem! Às vezes, sentimos pressão para usar sutiã porque os vemos na TV ou porque nossas amigas já estão usando. Independentemente da situação, se você se sente pressionada a fazer qualquer coisa, essa talvez seja a indicação de que você não deva fazê-la.

Mas, se você se sente pronta para usar um sutiã, fale com um adulto de confiança sobre isso.

Encontrando o tamanho e estilo certos

Existem 10 bilhões de tipos de sutiãs diferentes. Tudo bem, talvez isso seja um exagero, mas existem muitos, e passar por todos eles pode parecer um pouquinho desesperador.

♥ VOCÊ TEM COMPANHIA! ♥

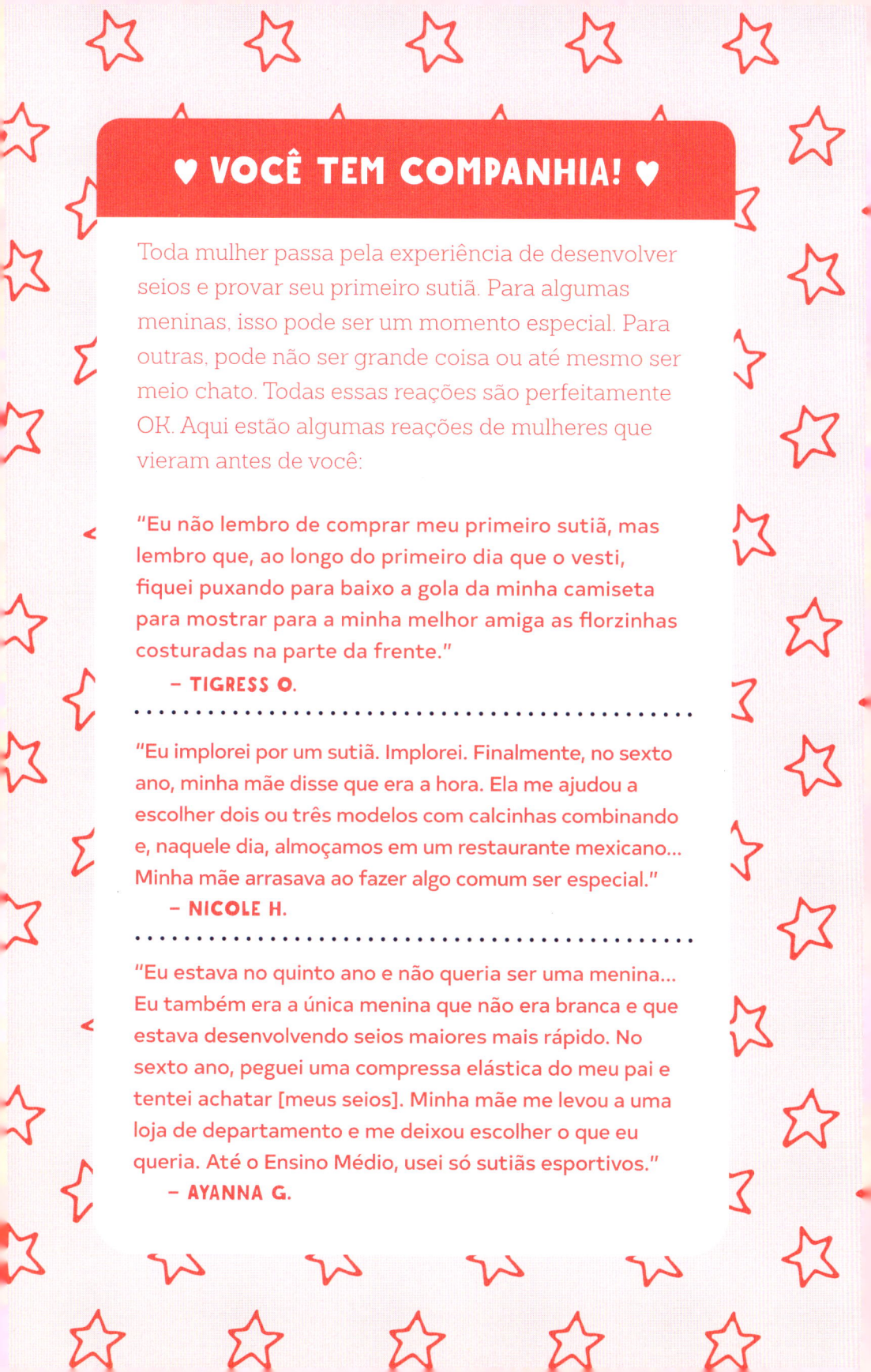

Toda mulher passa pela experiência de desenvolver seios e provar seu primeiro sutiã. Para algumas meninas, isso pode ser um momento especial. Para outras, pode não ser grande coisa ou até mesmo ser meio chato. Todas essas reações são perfeitamente OK. Aqui estão algumas reações de mulheres que vieram antes de você:

"Eu não lembro de comprar meu primeiro sutiã, mas lembro que, ao longo do primeiro dia que o vesti, fiquei puxando para baixo a gola da minha camiseta para mostrar para a minha melhor amiga as florzinhas costuradas na parte da frente."

— TIGRESS O.

....

"Eu implorei por um sutiã. Implorei. Finalmente, no sexto ano, minha mãe disse que era a hora. Ela me ajudou a escolher dois ou três modelos com calcinhas combinando e, naquele dia, almoçamos em um restaurante mexicano... Minha mãe arrasava ao fazer algo comum ser especial."

— NICOLE H.

....

"Eu estava no quinto ano e não queria ser uma menina... Eu também era a única menina que não era branca e que estava desenvolvendo seios maiores mais rápido. No sexto ano, peguei uma compressa elástica do meu pai e tentei achatar [meus seios]. Minha mãe me levou a uma loja de departamento e me deixou escolher o que eu queria. Até o Ensino Médio, usei só sutiãs esportivos."

— AYANNA G.

Por sorte, quando você está começando a puberdade, as escolhas são bem simples. Muitas meninas no início do desenvolvimento dos seios começam com tops. Esse modelo em geral é feito de algodão e elástico, sem aros de ferro, feitos para seios maiores. Alguns tops até se parecem com camisetas *cropped* ou regatas curtas. Você também pode experimentar sutiãs esportivos, que são parecidos com tops, só que mais apertados, porque são feitos para segurar os seios durante a prática de esportes ou corrida. Você não precisa usá-los só nessas ocasiões, pois eles são bons "primeiros sutiãs" se desejar se adaptar a algo mais simples no começo.

Descobrindo o seu tamanho

Se você está no estágio 3 e seus seios estão começando a ficar visíveis através das roupas, talvez prefira considerar experimentar um sutiã sem aro, mas, para isso, é necessário saber o tamanho correto para seu corpo. Você pode ter sua medida tirada por algum profissional em lojas de sutiã especializadas ou fazendo isso sozinha, usando uma fita métrica. Para a medida do tórax, pegue a fita métrica e coloque-a ao redor das costas, passando na frente sob os seios. Mantenha a fita o mais justa possível ao corpo e você terá a sua medida. Para a medida de copa, ou seja, a taça do sutiã, posicione a fita métrica sobre o busto, na parte mais volumosa do peito, mantendo a fita fixa, mas não apertada. O seu tamanho será no local em que a fita estiver mais confortável. Na internet, em sites de lojas especializadas, há diversas tabelas que informam o tamanho ideal do sutiã com base em suas medidas. Basta comparar e testar. Um adulto de confiança certamente poderá ajudá-la nessa tarefa. É melhor começar com algo mais folgadinho do que apertado, já que é possível que os seios cresçam mais, especialmente agora que seu corpo está se desenvolvendo.

 Alguns sutiãs têm aro na parte inferior. Esse tipo pode ser bom para quem tem seios maiores e precisa de sustentação extra, mas podem não ser muito confortáveis no começo.

 Normalmente, a preferência é por sutiãs com o tom da pele, o que o fará menos visível debaixo das roupas. Se você tem pele escura, um sutiã escuro não vai ser tão visível quanto um branco ou outra cor clara debaixo de uma camiseta branca. Se você tem pele clara, talvez prefira um sutiã de uma cor mais próxima do tom da sua pele.

Como é que esse troço funciona?

Fechos, alças e bojos, vixe! Entender como se coloca um sutiã pode parecer um pouco complicado. Nenhuma de nós nasceu com essa habilidade embutida, então não tenha vergonha de pedir ajuda a sua mãe, irmã mais velha ou qualquer outra adulta em quem confie.

Na maioria dos casos, há duas maneiras de se colocar o sutiã. A primeira é se inclinar para a frente e passar seus braços pelas alças, deixando que os seios se encaixem nos bojos. Quando você ficar ereta, pode alcançar os fechos e encaixá-los pelas costas. Certifique-se que a parte de trás do sutiã fique abaixo das asinhas das costas. (Alguns sutiãs têm fechos frontais, o que facilita esse processo.)

A segunda maneira é mais fácil se você tem dificuldade de alcançar as costas. Nesse método, você segura o sutiã ao contrário e de cabeça para baixo. Coloque o sutiã em volta de si com as copas nas suas costas, para que consiga encaixar os fechos que estão a sua frente e, depois, é só girar o sutiã e terminar de colocá-lo. Agora é só ajustar as alças e o fecho para garantir que fiquem confortáveis.

Os prós e contras dos seios e sutiãs

Ufa! Tem um monte de informação a se compartilhar nesta estação da puberdade. Se seu cérebro parece um pouco zonzo agora, não se preocupe. Você pode sempre voltar e reler esta seção. Por enquanto, aqui vai um resumo das coisas mais importantes para se lembrar sobre seios e sutiãs.

Sim, lembre-se de que seu corpo é único e que o tempo do desenvolvimento dos seios respeita o momento certo para o seu corpo.

Não escute quem lhe diz que sabe mais do seu corpo do que você.

Sim, encontre um sutiã confortável e que vista bem.

Não ache que você precisa usar um sutiã antes de estar pronta para isso.

Sim, tire as medidas ou prove diferentes tamanhos para que saiba exatamente qual sutiã comprar.

Não tente se virar sozinha. É muito importante perguntar a uma adulta.

Sim, ignore tudo o que a TV e os filmes falam sobre ter seios — eles estão quase sempre errados.

Não compare seus seios, ou qualquer outra parte do seu corpo, com os de outras garotas. Vocês têm genes diferentes, e seus genes são tão bons quanto os de qualquer outra garota.

Sim, confie em si mesma e no seu corpo. Você é praticamente uma especialista nisso!

4

ABAIXO DO UMBIGO

• •

Nos últimos capítulos, paramos em várias estações nos trilhos da puberdade. De picos de crescimento a desenvolvimento dos seios, foi um caminho e tanto. Mas ainda existem algumas estações antes de terminarmos esta jornada. Uma das mudanças menos perceptíveis — pelo menos para o mundo lá fora — é a que está acontecendo "lá embaixo", na sua calcinha...

OS CABELINHOS LÁ EMBAIXO – PELOS PUBIANOS

Passamos algum tempo falando sobre os pelos que crescem durante a puberdade, incluindo os dos braços, pernas e axilas. Mas uma parte onde você pode esperar ver mais pelos do que está acostumada é na genitália. O surgimento dos pelos pubianos comumente se dá depois do desenvolvimento dos seios, mas algumas meninas (em torno de 15%) podem perceber pelos finos na vulva e nas axilas antes de terem indícios dos seios.

Seu corpo vai decidir o que vem antes. Para entender melhor os pelos pubianos, é bom saber os nomes das partes "lá debaixo". As pessoas inventam mil apelidos para falarem de suas partes íntimas, o que não tem problema, mas é igualmente importante saber os nomes oficiais. Aqui estão algumas palavras e definições que vão fazer de você uma especialista sobre as partes de dentro da sua calcinha.

VULVA: todas as partes visíveis de fora do seu aparelho genital.

MONTE DO PÚBIS OU MONTE DE VÊNUS: a parte fofinha da carne logo abaixo da barriga.

LÁBIOS: partes interna e externa das dobras de pele na vulva.

GRANDES LÁBIOS: a dobra externa de pele na vulva.

PEQUENOS LÁBIOS: a dobra interna de pele na vulva.

Existem mais partes das genitais sobre as quais vamos conversar mais tarde. Agora que você sabe o nome de algumas das áreas mais importantes, vamos falar sobre pelos pubianos. No começo, seu pelo pubiano pode ser bem fino e ralo, mas, ao longo dos trilhos da puberdade, eles engrossam e escurecem. O volume de pelo que você terá provavelmente vai ser parecido com o dos pelos que crescem em outras partes do corpo, inclusive os cabelos, mesmo que a maioria dos pelos pubianos seja mais grossa e espessa do que o cabelo. Pelos pubianos geralmente crescem no monte do púbis e nos grandes lábios primeiro e, quando estão totalmente desenvolvidos, aparentam um triângulo de cabeça para baixo.

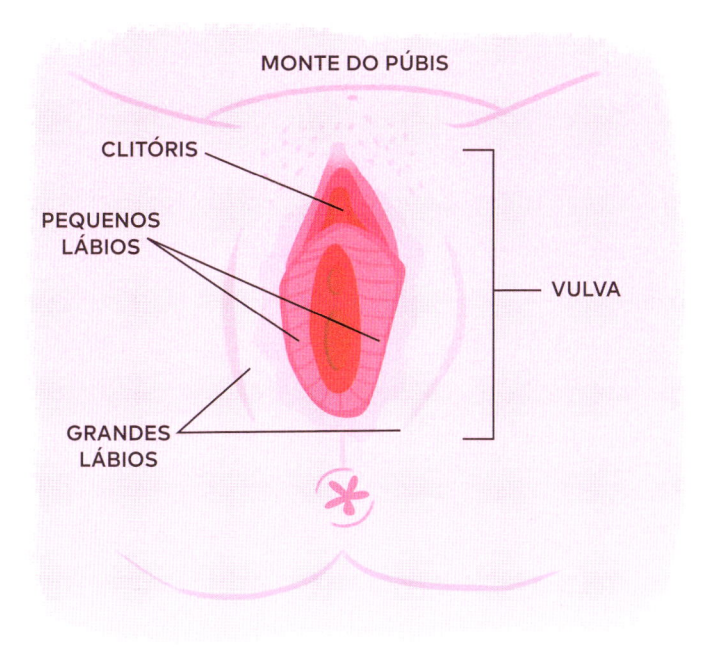

Cuidando dos pelos

Assim como outros pelos e cabelos do corpo, os pelos pubianos devem ser cuidados. Mas não se preocupe, cuidar deles é fácil. Já discutimos aqui como bactérias e suor podem impregnar os pelos das axilas e púbis e causar mau cheiro. A melhor forma de manter o odor e o suor sob controle nessas áreas é tomar banho diariamente, secar-se bem e usar calcinha de algodão, que é um material com pequenos buraquinhos no tecido e por isso permite que a pele respire e se mantenha fresca e seca. Evite usar produtos perfumados na vulva — produtos químicos podem causar irritação. Tomar banho, se secar meticulosamente e usar calcinhas limpas são as tarefas mais importantes do cuidado com os pelos pubianos.

Biquínis, maiôs e outros

Se você está preocupada com os pelos pubianos pulando para fora da roupa de banho, considere comprar uma que tenha uma parte de baixo no estilo sunguinha ou sunquíni, que parece um shortinho. Esse estilo pega um pouco da perna e cobre bem os pelos pubianos que podem estar crescendo até a coxa. Para maiôs e *collants*, você também pode usar uma tesourinha de unha para aparar os pelos na linha da calcinha. Algumas pessoas usam lâmina de depilar, mas se certifique de que uma pessoa experiente, adulta, a ajude na primeira vez que você for se depilar. Raspar os pelos pode render cortes dolorosos, irritação na pele e pelos encravados se não for cuidadosa. Tem gente que depila a virilha com cera, o que envolve um movimento de tração para puxar os pelos. *Ui... ai*! Lembre-se de que pelos pubianos são uma parte natural da puberdade, e se depilar não é necessário. Você pode amar o seu corpo e os seus pelos também!

MUDANÇAS VAGINAIS

Pelos pubianos não são a única mudança que vai acontecer nos seus órgãos genitais quando a puberdade começar. Antes de entrarmos nisso, vamos retomar nossa lista de palavras "oficiais" para designar cada parte.

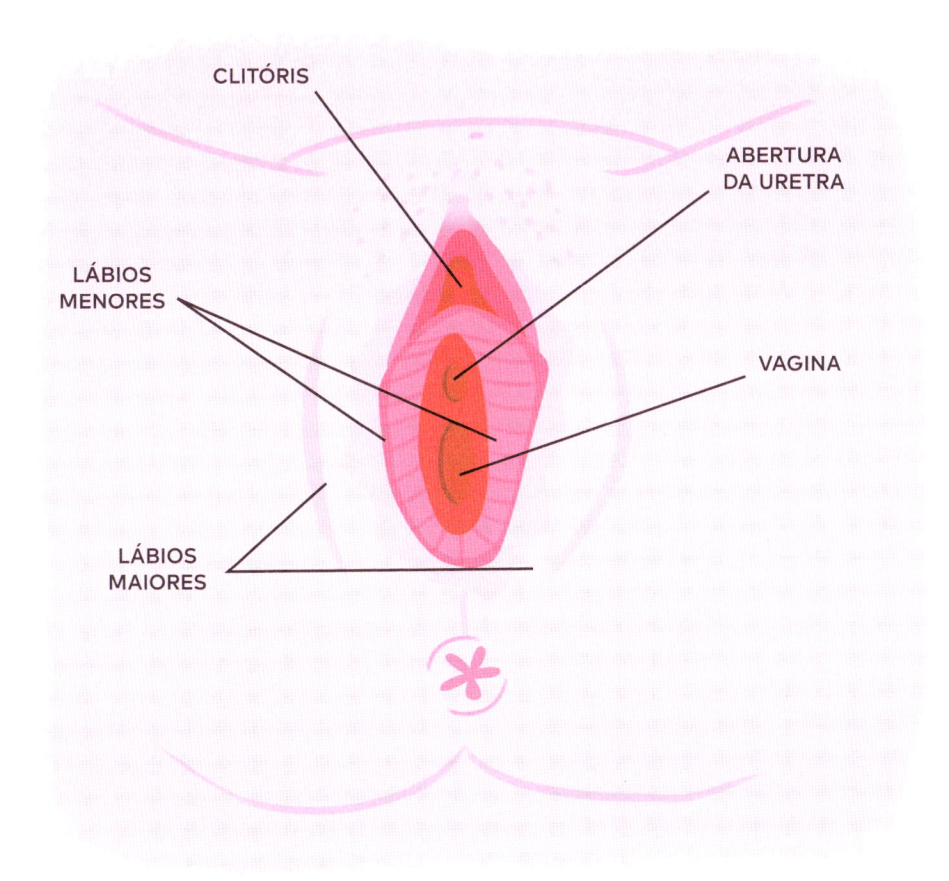

- CLITÓRIS
- ABERTURA DA URETRA
- LÁBIOS MENORES
- VAGINA
- LÁBIOS MAIORES

CLITÓRIS: o botão de pele pequeno e sensível no topo dos "lábios".

ABERTURA DA URETRA: o pequeno buraco abaixo do clitóris por onde a urina sai do corpo.

VAGINA: abertura com um canal que segue para dentro do seu sistema reprodutivo. Corrimento, fluidos menstruais e bebês saem do corpo por essa abertura.

Aprender essas palavras vai ajudá-la a entender as mudanças pelas quais seu corpo está passando durante a puberdade.

Corrimento vaginal

Aproximadamente de seis meses a um ano antes de você ter a primeira menstruação, pode ser que se depare com manchas esbranquiçadas ou amareladas na calcinha. Isso pode ser chamado de corrimento vaginal e é só mais uma parte da jornada da puberdade.

Corrimento vaginal é a combinação de muco e fluidos criados pelo aumento de hormônios e é um alerta de que logo começará seu ciclo menstrual. Quer saber algo muito incrível? A vagina é uma parte do corpo que se limpa sozinha. Legal, né?

Corrimento vaginal é feito de fluidos produzidos por glândulas que ajudam a expulsar bactérias indesejáveis. A espessura e a cor do corrimento vaginal podem mudar ao longo do mês dependendo do estágio do ciclo menstrual. Seu corrimento pode ser fluido e transparente. Outras vezes, pode ser mais espesso e amarelado. Quando o corrimento seca na sua calcinha, ele pode aparentar marrom-claro. Ter algumas alterações leves no corrimento é normal. Garotas continuarão a ter corrimento até tarde na idade adulta. Normalmente, o corrimento diminui ou se interrompe quando as mulheres de meia-idade param de menstruar (esse estágio é chamado de menopausa).

Corrimentos corriqueiros

Corrimentos vaginais podem revelar muita coisa sobre o que está acontecendo dentro do seu corpo em momentos diferentes durante o mês. Se você conseguir identificar o tipo de corrimento, isso a auxiliará a reconhecer quando algo não vai bem. Olhar para seu corpo é uma ótima forma de cuidar das partes lá embaixo!

CORRIMENTO LEVEMENTE AMARELADO: Ver um corrimento amarelado quando você se limpa ou na calcinha é normal, especialmente se acontecer mais ou menos um ano antes da primeira menstruação. Na verdade, esse tipo de corrimento é um sinal de que seu corpo está se preparando para menstruar pela primeira vez.

CORRIMENTO BRANCO E ESPESSO: Esse corrimento vaginal é comum tanto no começo quanto no fim da menstruação. No entanto, se o seu corrimento está granuloso — um pouco parecido com queijo cottage ou ricota —, você deve falar com um adulto de confiança porque pode ser um sinal de infecção.

CORRIMENTO TRANSPARENTE E VISCOSO: É um sinal de que você está ovulando — liberando óvulos.

CORRIMENTO TRANSPARENTE E AQUOSO: É normal ver esse tipo de corrimento em algum momento do ciclo. Você pode até ter visto mais quando estava com o corpo ativo, como quando pratica algum esporte.

CORRIMENTO AMARELO-ESCURO OU VERDE: Essa cor de corrimento pode indicar infecção vaginal, então se assegure de contar com um adulto para levá-la ao ginecologista. Mas não se preocupe. A maioria dessas infecções são fáceis de tratar com medicamento.

CORRIMENTO MARROM: Isso normalmente indica que a sua vagina está se limpando e se livrando de um pouco de sangue velho que pode não ter sido expelido devidamente durante a menstruação.

Corrimento costuma ter um cheiro leve, o que é natural. No entanto, se o corrimento for verde ou amarelo--escuro, provocar coceira, queimação ou alguma dor, você pode estar com uma infecção, pois a vagina é uma área sensível e fácil de infeccionar — isso não quer dizer que tenha algo errado com você. O uso de produtos perfumados, roupas de banho úmidas ou calças e shorts apertados por muito tempo podem causar irritações ou infecções. Prestar atenção às características do corrimento pode ajudá-la a saber se há algo estranho. Se notar qualquer um dos sintomas de uma possível infecção, já sabe: procure um ginecologista para que ele possa lhe indicar o melhor tratamento.

Algumas garotas não gostam da sensação úmida entre as pernas ou das manchas ocasionais que ficam nas calcinhas por causa do corrimento. Usar protetores diários pode amenizar esse incômodo. Protetores diários são tiras finas de algodão que se colam no forro da calcinha e absorvem os fluidos bem como a mantêm livre das manchas (mais sobre o assunto no Capítulo 5). Lembre-se de que usar calcinha limpa de algodão e tomar banho todo dia são as melhores formas de cuidar da vulva, da vagina e de todas as outras partes lá embaixo.

5

SUA MENSTRUAÇÃO

Você passou por um monte de mudanças e cresceu muito para chegar neste ponto. Já sabe que durante a puberdade seu corpo vai desenvolver seios que poderão um dia produzir leite e alimentar um bebê. Você também aprendeu como novos pelos aparecerão em lugares nunca antes peludos. Aprendeu até sobre corrimento como uma forma de limpeza que a vagina realiza enquanto seu corpo produz mais hormônios. Essas grandes mudanças têm preparado você para entrar naquela que talvez seja a maior estação desta jornada: o começo da menstruação.

QUE BAFAFÁ É ESSE?

Menstruação é um sinal de que seu corpo está crescendo, mudando e se preparando para ser capaz de gerar um bebê, se um dia você quiser. Ao redor do mundo, as pessoas inventaram milhares de gírias sobre a palavra menstruação. No Brasil, a palavra "regras", no plural, costuma ser usada como sinônimo de "menstruação", e as expressões "estar de chico"[1], "estar naqueles dias" ou apenas "desceu", costumam ser ditas como sinônimos de "estar menstruada".

Como você pode ver, algumas são depreciativas, outras positivas e divertidas, mas a maioria usa simplesmente "estar menstruada".

Como mencionado antes, menstruar pela primeira vez pode ser algo muito especial e importante na vida de uma menina. Para outras, pode ser apenas mais uma coisa interessante que seu corpo faz. Qualquer que seja seu sentimento quanto à menstruação, não tem problema. O mais importante é saber o que esperar e como cuidar do seu corpo durante o período menstrual.

PREPARANDO-SE

Se a puberdade vai ser um lindo passeio de trem, uma das chaves para aproveitar a viagem é a preparação. Você já deu o passo mais importante ao ler este livro para ter certeza

---

[1] A expressão "estar de chico" tem origem portuguesa e é ofensiva. "Chico" remete à palavra "porco", propagando a ideia errônea de que o sangue menstrual é algo sujo.

de que possui as informações certas — não só se apoiar em alguém da escola que ouviu algo da irmã que ouviu da tia que ouviu da moça da loja... Agora é hora de dar ouvidos aos especialistas e aprender as definições que descrevem os órgãos reprodutivos. Conhecer as palavras permite entender melhor as mudanças rolando nesta parte da jornada.

ÚTERO: Órgão reprodutor oco e em formato de pera localizado no abdômen inferior. Durante a gravidez, o óvulo fertilizado se prende à parede do útero e se desenvolve até se tornar um bebê.

OVÁRIO: Órgãos parecidos com sacos onde os óvulos são produzidos e armazenados.

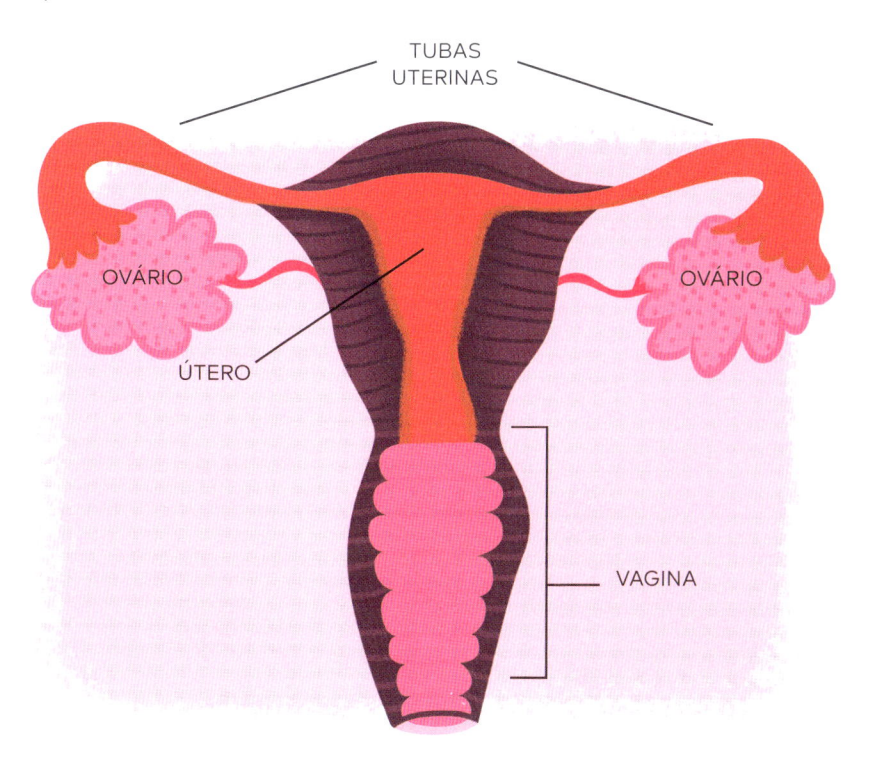

ÓVULOS: Os ovinhos armazenados nos ovários.

TUBAS UTERINAS OU TROMPAS DE FALÓPIO: Par de tubos por onde os óvulos viajam dos ovários até o útero.

OVULAÇÃO: A liberação dos óvulos do ovário para uma possível fertilização.

Estrogênio e ovários

Desde o começo da puberdade, seu corpo tem se preparado para a menstruação. Ele libera uma série de hormônios necessários para manter o trem da puberdade em movimento e, agora, para que tudo esteja pronto para a menstruação, seu corpo precisará liberar dois hormônios poderosos: *estrogênio* (ver p. 61) e *progesterona*. A liberação desses hormônios comunica ao organismo que é a hora de chegar na estação da menstruação.

O ciclo menstrual

Menstruar é o começo de um processo que dura cerca de 28 dias para se completar e, geralmente, acontece uma vez por mês. O período entre o primeiro dia em que você vê sangue até ver sangue de novo no mês seguinte é chamado de ciclo menstrual. Apesar da média ser de 28 dias, é normal que você demore mais ou menos tempo para passar por todo o ciclo. Durante o ciclo menstrual, todos os órgãos reprodutivos trabalham juntos com a ajuda dos hormônios preparando seu corpo para gerar um bebê um dia. Fazer um ser humano exige muito

> ★ ★ **FATO FASCINANTE** ★ ★
>
> Você sabia que todos os óvulos dos seus ovários existem desde que você nasceu? Eles estão esperando a hora de serem fertilizados e se tornarem um bebê ou de ganharem o convite especial para a festa da menstruação!

trabalho, então seu corpo basicamente se prepara e pratica todo mês, caso você queira um bebê.

A cada mês, o cérebro manda uma mensagem aos ovários para começarem a produção de estrogênio. Os ovários, os dois órgãos do tamanho de uma bolinha de gude acima do útero, armazenam milhares de óvulos, e a produção de estrogênio é o sinal para que um deles libere um óvulo, e esse processo é chamado de ovulação.

Tubas uterinas, útero e vagina

Uma vez que o óvulo sai do ovário, ele passa pelas tubas uterinas a caminho do útero. Essa não é uma viagem rápida. Pode levar três ou mais dias para o óvulo caminhar 3 cm, aproximadamente. Se você fosse tão pequenininha, provavelmente se moveria bem devagar também! Enquanto o óvulo circula pelas tubas uterinas e você vive o seu dia a dia de ir para a escola, encontrar os amigos, fazer as tarefas e terminar os deveres de casa, o hormônio progesterona ajuda o útero (também chamado de ventre) a expandir dentro dele um revestimento nutritivo feito de tecido, sangue e proteína (chamado de tecido endometrial) para o caso de um óvulo fertilizado aparecer. O útero é onde o óvulo fertilizado se prenderia à parede uterina, começaria a absorver nutrientes e a se desenvolver para se tornar um bebê. Se o óvulo não é fertilizado, o corpo expulsa o óvulo e o tecido endometrial ao mesmo tempo pela vagina. Uma vez que o útero liberou o tecido endometrial durante a menstruação, o ciclo se reinicia com a criação de um novo tecido endometrial. Isso é bem incrível!

Quanto tempo dura a menstruação e quando a minha vai chegar?

A data exata de quando você começará a menstruar é outra informação secreta que só o seu corpo sabe. Meninas costumam menstruar pela primeira vez por volta de dois anos e meio depois do primeiro indício dos brotos mamários ou em torno de seis meses depois de notarem corrimento vaginal. No entanto, podem começar a menstruar tanto aos 9 anos quanto aos 16. Seja qual for o momento, vai ser o tempo perfeito para o seu corpo, não se preocupe.

A duração da sua menstruação também é parcialmente determinada por seu corpo. A duração da menstruação pode ser curta, por volta de mais ou menos três dias, e o sangue pode ser mais umas manchas rosadas, vermelho-claras ou marrons na calcinha. Depois que ficar regular, ela pode durar de dois a sete dias, mas também é provável que sua menstruação não venha regularmente no começo. Às vezes, pode demorar até seis anos para que sua menstruação regularize. Esse trem é emocionante, mas pode ser um pouco lento!

♥ VOCÊ TEM COMPANHIA! ♥

"A Denise já menstruou. Meu Deus, eu vou estar com 100 anos quando acontecer a minha!".
Nesse exato momento, milhares de meninas no mundo todo estão tendo essa mesma conversa consigo mesmas. Batendo o pé pela casa, frustradas; pensando que são a última garota na sua escola a menstruar. Então você precisa saber: meninas passam tempo demais se preocupando quando vão menstruar ou comparando a chegada da sua menstruação com a das amigas. Garotas menstruam em idades e tempos diferentes dependendo de quando seus genes, o histórico familiar e a boa e velha Mãe Natureza decidem que é o melhor momento para elas. Para toda menina, o trem da menstruação tem seu próprio horário, e, quando ele chegar na estação, não importa a hora, vai ser a hora certa!

Quanto eu vou sangrar?

Meninas podem ter fluxos leves, intensos ou ambos. Mesmo se uma garota tem um fluxo intenso, ou seja, muito sangue, a maioria libera por volta de apenas duas colheres de sopa de sangue durante o período menstrual. Algumas garotas também têm coágulos, que é um sangue mais grosso que às vezes vem em pedaços, meio que como gelatina, o que parece meio nojento, mas é normal.

Menstruar dói?

A menstruação é o processo de expulsão do tecido endometrial do útero. Esse movimento pode causar cólicas abaixo do umbigo. Algumas garotas podem não sentir muita coisa quando isso acontece, mas para outras as cólicas podem ser um tanto desconfortáveis. Muitas das coisas que aliviariam o desconforto nos músculos da sua perna podem ajudar a aliviar a dor nos músculos uterinos também: bolsa de água quente, banho quente e um pouco de massagem.

No entanto, se você sentir muita dor antes ou durante a menstruação (tendo dificuldade de levantar ou mesmo de passar o dia todo na escola), assegure-se de falar com seu médico sobre o assunto. Afinal, por que você deveria sofrer mais do que o necessário?

Minha menstruação e a TPM

Seu corpo é tão inteligente que ele costuma dar indícios de que a menstruação está chegando. Esses sinais não são os mais legais, mas são o aviso de que seu corpo está se preparando para um trabalho difícil e importante. De 7 a 14 dias antes de menstruar, você pode notar sensibilidade nos seios, um leve mau humor, uma sensação de inchaço ou mais peso na parte debaixo da barriga e, às vezes, cólica. Esses sintomas são chamados de síndrome da Tensão Pré-Menstrual (TPM).

Muitas garotas têm esses sintomas, e existem algumas formas de reduzi-los. Comer bem é uma ótima maneira de ajudar o corpo durante a TPM. Muitos nutrientes são essenciais para fazer o tecido endometrial todo mês, então é importante comer bastante comida saudável. Alimentos ricos em cálcio (iogurte, leite e assim por diante), ferro (vegetais de folhas verde-escuras e carne vermelha), fibra (grãos) e muitas vitaminas (frutas frescas e vegetais) vão ajudar seu corpo antes, durante e depois da menstruação. Praticar exercícios leves também pode amenizar os sintomas da TPM.

O sangue menstrual fede?

O sangue menstrual pode ter um odor suave, mas ninguém pode senti-lo por baixo das suas roupas. Ninguém vai saber que você está menstruada a não ser que você conte. E, como você aprendeu, lavar-se diariamente e usar calcinhas limpas ajudam a evitar as bactérias que provocam odores ruins. Isso também vale para o período menstrual. Trocar o absorvente regularmente (ver página 91) também a fará se sentir bem durante o período.

Anotando sua menstruação

Outra forma de saber quando esperar a menstruação é anotando. O ciclo menstrual começa no primeiro dia da menstruação (o primeiro dia em que você vê sangue) em um mês e vai até o primeiro dia da menstruação no mês seguinte. O ciclo médio dura 28 dias, mas pode variar de 21 a 45 dias. No primeiro dia da menstruação, desenhe um pequeno coração no dia correspondente no calendário. Faça um coração para cada dia da menstruação. Assim que o fluxo acabar, conte os dias até a próxima menstruação começar. Comece a contar do primeiro coração até a próxima menstruação. Esse é o número de dias do seu ciclo. Ele pode demorar um pouco para se tornar regular, então esses números podem não ser os mesmos por um tempo. Existem também alguns aplicativos e sites confiáveis que podem auxiliá-la nessa contagem e a se programar para o dia de menstruar.

    Não importa quando você menstrua pela primeira vez, celebre quando ela chegar. Seu corpo está fazendo um trabalho incrível até aqui!

CUIDANDO DE SUA MENSTRUAÇÃO

Ufa! Quanta informação! Mas ainda não acabamos. Agora que você sabe o que acontece no seu corpo enquanto menstrua, vamos falar sobre cuidado e higiene durante "aqueles dias". Logo você saberá tudo o que precisa entender sobre os tipos de absorvente para atravessar o período menstrual com tranquilidade.

Absorventes externos, internos e afins

As empresas lançam diversos produtos para o cuidado e a higiene durante a menstruação, mas os dois mais populares são os absorventes externos e internos. Ambos são feitos para absorver o fluxo menstrual.

Um absorvente externo é um pedaço retangular de algodão revestido, com uma tira adesiva na parte posterior para grudar na calcinha, que retém o sangue que sai do seu corpo. Absorventes internos são cilindros finos de algodão e outros materiais feitos para absorver o sangue enquanto ele ainda está dentro da vagina. Outra opção é o coletor menstrual (também conhecido como copinho), que é um pequeno recipiente feito de silicone hipoalergênico que coleta o sangue dentro da vagina. Há garotas que preferem absorventes externos, outras preferem os internos e vem crescendo o número daquelas que só usam o copinho. Há também mulheres que ao longo da menstruação, revezam o uso dos três tipos, conforme o fluxo e a situação. Leva um tempinho para ganhar prática e descobrir qual funciona melhor para você.

Como comprar o que você precisa

Farmácias, supermercados e perfumarias são estabelecimentos em que você pode encontrar absorventes. Os coletores menstruais podem ser um pouco mais difíceis de encontrar e são um pouco mais caros. Talvez você precise ir a uma farmácia com mais opções ou a uma loja de produtos naturais para conseguir um. Ao contrário dos absorventes, que são descartáveis, os coletores menstruais podem durar anos se bem cuidados.

Absorventes internos e externos estão disponíveis em diferentes tamanhos e capacidades de absorção (o quanto de fluido eles conseguem reter) para fluxos leve, normal ou intenso. Claro, as empresas os produzem de vários tipos e estilos, visando se adequar a diferentes mulheres e assim vender mais.

Como usar absorventes externos

Absorventes externos são feitos de algodão, plástico e outros materiais que ajudam a absorver a menstruação.

Uma tira adesiva na parte posterior ajuda a fixar o absorvente no lugar. Não deixe o lado com cola acidentalmente para cima.

Uma vez que o absorvente esteja firme no lugar, você pode vestir a calcinha e seguir com a rotina. Claro que precisará trocá-lo algumas vezes no dia, dependendo da intensidade do fluxo. Como já contei, absorventes são feitos em diferentes tamanhos e capacidades de absorção.

Abaixo, você encontra um guia rápido com as categorias ideais para cada tipo de fluxo e a frequência de troca.

CORRIMENTO E FLUXO BEM LEVE: protetores diários. **Troque de 4 em 4 horas, ou de acordo com o necessário**.

FLUXO LEVE A MODERADO: absorventes normais ou ultrafinos (esses são os tipos mais comuns). **Troque a cada 3 ou 4 horas, ou quando achar necessário**.

FLUXO INTENSO: absorventes máxi ou noturnos. Mesmo se seu fluxo não for intenso, usar um absorvente noturno pode deixá-la mais confortável quando está dormindo. **Troque a cada 2 ou 3 horas durante o dia, ou de acordo com o necessário;** absorventes noturnos geralmente não precisam de troca até de manhã.

Alguns absorventes têm abas, que são prolongamentos da cobertura fina com partes autocolantes para fixar na parte de baixo externa da calcinha. Abas impedem que o absorvente escorregue, evitando vazamentos.

Descartar absorventes usados

Absorventes são descartáveis, mas não podem ser jogados no vaso sanitário, porque podem entupir a privada e o encanamento da sua casa! Para jogar fora seu absorvente corretamente, enrole-o com a cola para o lado de fora. Depois de bem enrolado, embrulhe em um bom pedaço de papel higiênico e jogue-o no lixo. Se você tem cachorro, fique ligada para jogar o absorvente em um lixo que seu cachorro não tenha acesso. Cachorros parecem adorar absorventes.

Começa a crescer no mercado a oferta de absorventes laváveis e reutilizáveis, além de calcinhas absorventes, que possuem um forro com camadas de um tecido superabsorvente que retém o sangue menstrual.

Como usar absorventes internos

Muitas meninas escolhem não usar absorventes internos até ficarem mais velhas, porque não se sentem prontas ou confortáveis para usar algo dentro da vagina. O que quer que você escolha será bom. Você é quem mais sabe o que é melhor para o seu corpo.

O absorvente interno possui a forma de um cilindro e é feito de algodão e outros materiais que ajudam a absorver o sangue menstrual antes de ele sair do corpo durante a menstruação. Ele é conectado a uma longa corda que serve para puxar o absorvente e retirá-lo. Como o absorvente interno absorve o sangue enquanto ele ainda está dentro de você, é uma opção conveniente para atividades aquáticas, como nadar, uma vez que um absorvente externo, se molhado, poderia aparecer e deixá-la incomodada. Definitivamente não rola usar absorvente externo na piscina já que ele absorve a água do mesmo jeito que absorve o sangue. Isso seria bem estranho!

Assim como os absorventes externos, os internos apresentam diferentes capacidades de absorção que você deve ir experimentando de acordo com a intensidade do seu fluxo.

MÍNI: modelo para fluxos bem leves. Também pode ser uma ótima escolha para o primeiro uso, porque é muito fácil de colocar.

MÉDIO: modelo para fluxo moderado; o mais comum entre as garotas.

SÚPER: modelo para fluxo intenso. Menos recomendado, porque requer prática para inserir absorventes internos.

ULTRA: modelo para fluxo muito intenso. Assim como o súper, requer prática para inserir absorventes internos.

Procure utilizar o absorvente interno com a taxa de absorção mínima que você precisa. Comece com o míni ou médio e, quando se acostumar com eles, tente aqueles com maior capacidade de absorção, se for preciso. Troque o absorvente interno **aproximadamente a cada 4 horas**. Mesmo que seu fluxo seja bem leve, não deixe de trocar o absorvente com frequência. Isso ajuda a evitar as bactérias e o mau cheiro.

Alguns absorventes internos vêm com aplicadores para facilitar a colocação, enquanto outros modelos não têm aplicador e você precisa inseri-los direto com os dedos. Abaixo, veja um passo a passo de como inserir um absorvente interno com aplicador:

1. Comece pelo começo: certifique-se de que está com as mãos limpas. Depois de lavar e secar as mãos, remova o absorvente da embalagem.

2. A maioria das mulheres prefere ficar de pé enquanto insere o absorvente. Você pode colocar uma perna em cima do vaso sanitário ou simplesmente agachar um pouco, enquanto segura o absorvente com sua mão dominante (aquela que usa para escrever).

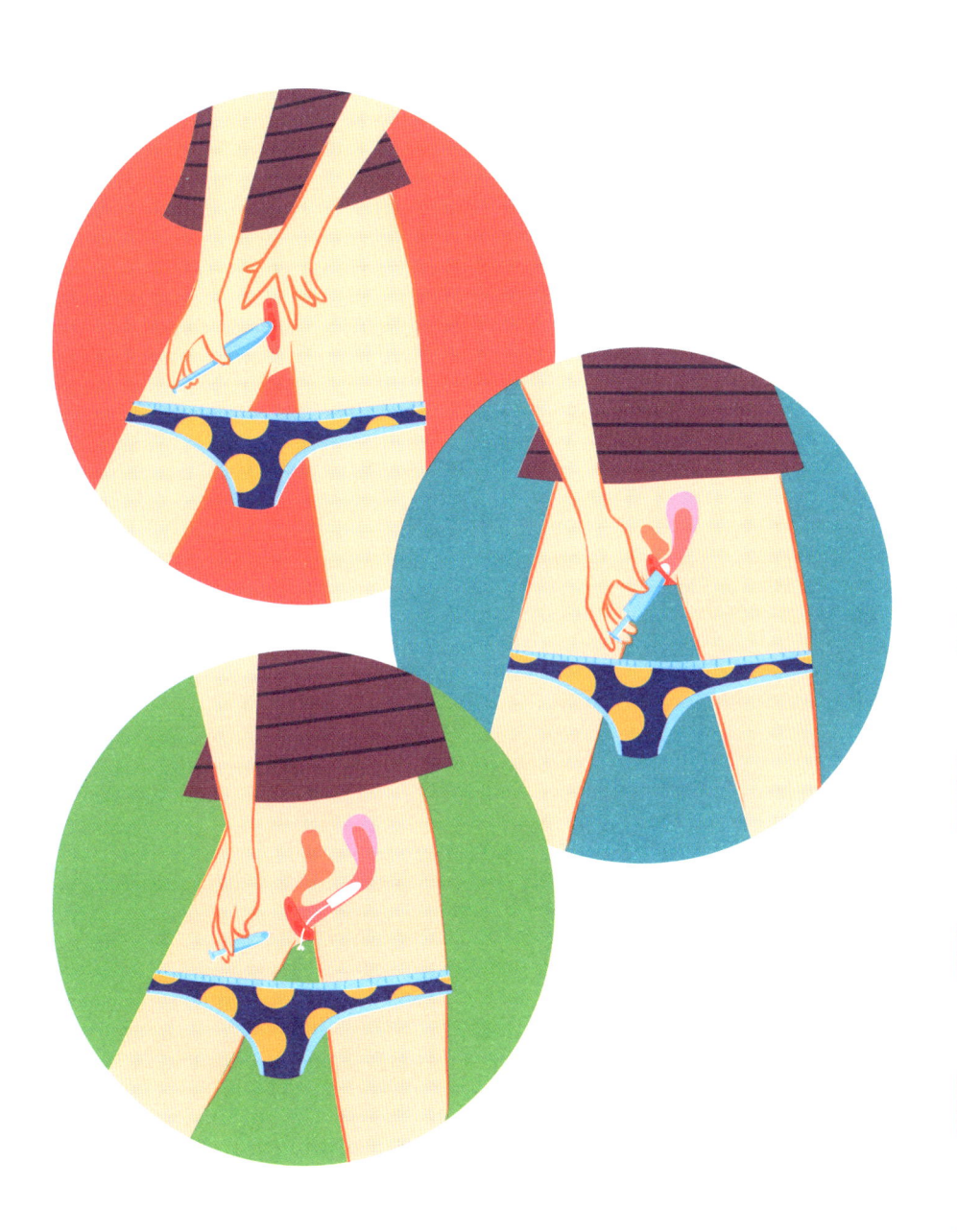

DICA: se estiver nervosa, talvez isso dificulte o processo, pois seus músculos estarão tensos. Respire fundo algumas vezes e tente relaxar antes de começar.

3. Segure no meio do absorvente, no ponto em que o tubo interno menor se encaixa no tubo externo maior (o aplicador). Garanta que a corda esteja para baixo (longe do seu corpo).

4. Coloque a ponta do tubo externo na entrada da vagina. Você pode usar a outra mão para abrir um pouco os lábios e facilitar a inserção do absorvente.

5. Empurre gentilmente o tubo externo para dentro da entrada da vagina, guiando-o para trás. Pare quando seus dedos tocarem seu corpo.

6. Quando o tubo externo estiver dentro da sua vagina, use o dedo indicador para empurrar o tubo interno pelo tubo externo.

7. Quando o tubo interno estiver todo dentro da vagina, remova os dois tubos ao mesmo tempo, deixe-os na embalagem aberta ou enrole em papel higiênico e jogue fora. (Não descarte no vaso sanitário.) Certifique-se de que a corda está para fora da abertura da vagina.

8. Se você sentir o absorvente dentro de você ou estiver com qualquer desconforto, é porque ele não foi inserido corretamente. Remova o absorvente com delicadeza puxando a corda e recomece.

9. Lave as mãos de novo.

★ ★ ALERTA DE SEGURANÇA ★ ★

Apesar de ser seguro usar absorventes internos, é importante trocá-lo regularmente. Nunca fique com um absorvente dentro do corpo por mais de oito horas ou a noite toda. Quando um absorvente fica na sua vagina por muito tempo, aumenta o risco de síndrome do choque tóxico (SCT), uma infecção bacteriana bem rara. Se tiver tontura, vômito, diarreia, febre ou uma irritação na pele que pareça queimadura do sol, remova o absorvente imediatamente, fale com um adulto e vá ao médico o quanto antes.

Como colocar um absorvente interno sem aplicador:

1. Lave bem as mãos com água e sabão. Depois de secá-las, retire o absorvente da embalagem.

2. Dê uma puxadinha na corda para ter certeza de que ela está seguramente atada ao absorvente.

3. A maioria das mulheres prefere ficar de pé enquanto insere o absorvente. Você pode colocar uma perna em cima do vaso sanitário ou simplesmente agachar um pouco, enquanto segura o absorvente com a mão dominante (aquela que usa para escrever).

4. Garanta que a corda esteja visível e apontando para fora do seu corpo.

5. Com a outra mão, afaste os lábios e posicione o absorvente na entrada da vagina.

6. Empurre com delicadeza o absorvente pela entrada, guiando-o para trás.

7. Quando o absorvente estiver dentro da vagina, empurre o absorvente com o dedo indicador. Certifique-se de que a corda está visivelmente para fora da entrada da vagina.

8. Se você sentir o absorvente dentro do seu corpo ou qualquer tipo de desconforto, é porque ele não foi inserido corretamente. Remova o absorvente com delicadeza puxando a corda e recomece.

9. Lave suas mãos de novo.

Para remover seu absorvente interno, puxe para baixo a corda até que ele saia. Se não houver muito sangue no absorvente, pode ser um pouco difícil tirá-lo. Apenas continue puxando gentilmente. Mesmo que tenha apenas um pouquinho de sangue no absorvente, não o reutilize. Pegue um novo e comece do zero. Para o descarte, embrulhe o absorvente usado em papel higiênico e jogue-o no lixo. Não é recomendado que os absorventes sejam descartados no vaso sanitário.

Manchas, vazamentos e nécessaire menstrual

Sua menstruação pode ser uma visitante imprevisível, mesmo quando seus registros das idas e vindas mostram regularidade. Já que você não pode prever quando será sua primeira ou próxima menstruação, é bom ter uma pequena "nécessaire menstrual" com você: uma bolsinha ou estojo com os itens essenciais para evitar acidentes se menstruar inesperadamente. Carregar consigo uma nécessaire menstrual vai garantir que você não seja pega desprevenida.

Coisas essenciais para ter na nécessaire menstrual:

* Absorventes internos ou externos (ou os dois)
* Saquinhos plásticos e papel higiênico (para descartar os absorventes usados)
* Uma calcinha limpa. Vai que...
* Um pacote de lenços umedecidos íntimos (para momentos mais caóticos)

Até mesmo com a menina mais preparada às vezes ocorrem vazamentos durante a menstruação, e um pouquinho de sangue pode manchar suas roupas. Não precisa entrar em pânico. Menstruação é uma parte normal da vida e manchas de sangue são parte do pacote (ainda que irritantes). Se você manchar suas roupas na escola, amarre um casaco ou uma jaqueta (se você não tiver um, pode pedir o de alguma amiga ou amigo) na cintura para disfarçar e peça ajuda a uma responsável na escola. Isso realmente acontece com todas nós!

Para limpar as manchas de sangue, use sabonete neutro e água fria e esfregue a mancha até que clareie. Não coloque as roupas na secadora, porque isso pode fazer com que a mancha grude de vez na roupa. Peça ajuda para dar um fim nessa mancha.

A LUA E OUTROS MITOS

Existem muitos mitos em relação à menstruação. Alguns deles são misteriosos, outros são hilários. Aqui vão alguns:

LUA DE SANGUE

Por um bom tempo, as pessoas acreditavam que os ciclos menstruais seguiam o ciclo lunar. Talvez porque a média do ciclo menstrual é de 28 dias, e o ciclo lunar é de 29 dias e meio. No entanto, estudos mostram que a Lua não tem nenhum controle sobre isso.

AMIZADE E SINCRONIA

Falam por aí que mulheres que passam bastante tempo juntas acabam com suas menstruações sincronizadas, ou seja, menstruam ao mesmo tempo. Por mais que possa ser divertido pensar que seu útero pode convencer o das suas amigas a sangrarem juntos, isso é outro mito. Um estudo recente com milhares de mulheres e garotas que moravam juntas constatou que elas continuaram a menstruar em períodos diferentes.

TANQUE DE TUBARÃO

Verdade ou mentira: se você entrar no mar menstruada, um tubarão pode atacá-la porque ele sente o cheiro do seu sangue.

Resposta: mentira! É completamente seguro nadar enquanto está menstruada. Não existe nenhum relato de que um tubarão tenha atacado alguém durante o período menstrual.

6

ALIMENTANDO E ABASTECENDO SEU CORPO

Você está atravessando uma longa jornada de mudanças durante a puberdade. Essa viagem de trem tem sido recheada de vistas deslumbrantes do seu corpo único e especial. Ao longo de todo esse caminho, você aprendeu como cuidar do seu corpo enquanto ele trabalha duro promovendo seu crescimento. Você se lembra dos três ingredientes essenciais para se manter saudável e forte enquanto passa pela puberdade? Acertou: alimentação saudável, exercícios físicos e uma boa noite de sono.

NUTRIÇÃO

Seu corpo está em uma jornada única de crescimento e transformação. Para fazer a viagem no trem da puberdade de forma bem saudável, você precisará de comidas gostosas e nutritivas. Em geral, quando ouvimos a palavra *nutrição*, pensamos em ser obrigadas a comer alimentos que nos fazem dizer "eca". Por sorte, nutrição não significa sofrer com pratos e mais pratos de ervilhas ou qualquer coisa de que você não goste. Comer coisas nutritivas também significa saborear uma comida deliciosa. O que é bom para você também pode ser saboroso.

    Nutrir-se adequadamente pode não apenas afetar o quanto você cresce durante a puberdade, mas também quando a puberdade começa. Basear sua alimentação em uma dieta menos saudável pode impedir o corpo de produzir os hormônios necessários para começar a puberdade. E comer muita bobagem também pode fazer com que as mudanças da puberdade comecem mais cedo do que deveriam. Já que uma alimentação balanceada é bem importante para corpos em desenvolvimento como o seu, vamos falar de como abastecer o seu corpo.

Um arco-íris de sabores

Uma jeito fácil de ter certeza de que sua alimentação é adequada é comer um arco-íris. Tá bom, é brincadeira — você não vai comer um arco-íris de verdade. Isso seria impossível!

Comer um arco-íris quer dizer que, no prato, é preciso ter alimentos de verdade, com cores diversas como as do arco-íris, pois cada um oferece os nutrientes, as vitaminas e os minerais de que seu organismo precisa. Aqui estão as cores deliciosas para compor seu prato e como elas ajudam seu corpo a crescer.

Vermelho: maçã, cereja, morango, tomate, melancia.
Comidas vermelhas auxiliam o desenvolvimento da memória e promovem a saúde do coração.

Laranja/amarelo: abóbora, melão, cenoura, manga, laranja, abacaxi, batata, batata-doce, pimentão amarelo.
Comer a parte amarela do arco-íris permite adquirir vitaminas essenciais para ter olhos, coração e sistema imune saudáveis.

Verde: aspargo, brócolis, couve-de-bruxelas, couve, pepino, pimentão verde, ervilha, agrião, espinafre.

Os verdes ajudam a ter dentes saudáveis, ossos fortes e olhos de lince.

Roxo/Azul: beterraba, amora, mirtilo, feijão-preto, berinjela, figo, repolho-roxo.

Comidas azuis e roxas (ou mais escuras) contribuem para o fortalecimento da memória e auxiliam o corpo a se manter forte durante o crescimento.

Branco: gengibre, cogumelos, cebola.

Comidas brancas (ou claras) mantêm o coração batendo forte e saudável.

"Mas", você vai dizer, "e se eu fizer um arco-íris com salgadinho de cheddar, sorvete de morango e bala de goma verde? Isso conta como comer o arco-íris?".

Bom, minha amiga, por mais que essas cores sejam encontradas no arco-íris, você provavelmente vai ter dor de barriga e precisar ir ao dentista por causa de cáries bem mais rápido do que vai adquirir os nutrientes de que realmente precisa. Não, comer um monte de bobagem nas cores do arco-íris não vai ajudar o seu trem da puberdade a fazer uma viagem tranquila. E comidas com muito açúcar, gordura e sal podem causar problemas de saúde ao longo dos anos.

Isso não significa que você nunca poderá comer batata frita, doces ou bolo. Com moderação, não tem problema, mas você não deve nunca substituir frutas, vegetais e grãos no café da manhã, almoço ou jantar por guloseimas. Comida natural e fresca, que é o que nasceu da terra, é o que há de mais saudável para todos. Isso significa tentar evitar comidas processadas.

Mas o que é comida processada? Produtos alimentícios que vêm em caixas, latas, embalagens ou contêm pó, calda ou sabores e aromas artificiais, em geral, contêm excesso de açúcar, sal e gorduras e falta de muitos nutrientes. Sempre que puder, escolha alimentos frescos, por exemplo, um pêssego fresco contém mais nutrientes do que pêssegos em calda.

Seu corpo ainda precisará de alguns outros nutrientes para se manter nos trinques. Proteínas — encontradas, por exemplo, em carne, peixe, feijão e queijo — ajudarão a desenvolver músculos saudáveis. Também é preciso incluir alimentos que contenham ferro para energia, zinco para fortalecer o corpo a combater doenças e ácido fólico para absorver os minerais necessários.

Seja uma defensora da comida saudável! Participe da elaboração da lista de compras de sua família e proponha incluir deliciosos alimentos frescos com as cores do arco-íris. Diga que vai ser bom tanto para suas papilas gustativas quanto para seu corpo em pleno desenvolvimento.

Comece o dia com o pé direito

Um dos melhores presentes que você pode dar ao seu corpo sensacional é um bom café da manhã. É quase como dizer: "Bom dia, corpo! Feliz em te ver hoje!", porque o café da manhã talvez seja a refeição mais importante do dia. Ele dá ao seu corpo a energia para realizar todas as funções complexas e mantê-la viva. Também ajuda você a não se sentir mal-humorada e cansada à tarde. Ótimas ideias para cafés da manhã incluem aveia, suco natural fresco, ovos e torradas, banana e manteiga de amendoim.

Alergias, alimentação vegetariana e outras necessidades alimentares especiais

Pessoas têm necessidades nutricionais diferentes, uma vez que o organismo de cada um reage de maneiras diversas aos alimentos. Algumas pessoas não podem comer glúten (composto de proteínas presentes no trigo), e outras têm alergias alimentares graves. Cuidar de si às vezes requer cuidar das nossas necessidades alimentares especiais. Alergias alimentares — quando a ingestão de certos alimentos causa reação inflamatória no corpo, como coceira, inchaço e outros efeitos graves — são problemas comuns para muitos jovens. Na verdade, até três milhões de pessoas nos Estados Unidos são alérgicas a algum tipo de comida. Infelizmente, só porque uma comida não faz bem para o seu corpo, não significa que ela não seja gostosa. E é aqui que você pode se encrencar. Se você sabe que tem alergias alimentares, nunca caia na tentação de ingerir o que lhe faz mal, não importa o quão delicioso pareça.

A elevação dos hormônios e o estresse durante a puberdade podem piorar as alergias. Então continue

★ ★ DIETAS ESPECIAIS ★ ★
E OCASIÕES ESPECIAIS

Se você vai a uma festa de aniversário ou a um restaurante, comunique antes aos adultos suas necessidades alimentares especiais — seja por ser alérgica ou vegetariana. Pode ser que se sinta fora da diversão por causa disso, mas esse não precisa ser o caso. Aprender quais comidas funcionam melhor no seu corpo é algo para se orgulhar. Esse é um ótimo jeito de cuidar de si mesma e de lembrar ao mundo que existe diversidade, seja nos corpos, seja nas escolhas alimentares.

se alimentando de maneira saudável e se certifique de manter distância das comidas que causam reações ruins no seu corpo — ele agradecerá!

Vegetarianos são aqueles que não comem carne. As pessoas tomam essa decisão por muitos motivos, incluindo religião e preocupação com os animais. Se você é vegetariana ou está considerando fazer a transição, consulte um nutricionista, faça todos os exames e siga as orientações do profissional para que sua dieta não sofra perdas nutricionais, como a de proteína (encontrada na carne, mas também presente em vegetais e leguminosas) e de vitamina B12.

EXERCÍCIO

Uma das melhores formas de autocuidado é se movimentar! Exercícios — se levantar e se mexer por aí — são um ótimo jeito de fortalecer seu corpo em constante mudança.

Agora, isso não quer dizer que você precise fazer 300 polichinelos e dar 12 voltas na quadra... a não ser que adore fazer polichinelo e correr! É importante encontrar formas de mover o corpo que a façam suar, mas também tragam alegria. Você ama dançar? Peça para fazer aula de dança ou invente suas próprias rotinas de dança em casa. Você ama esportes? Entre no time da sua modalidade favorita (ou de todas)

da escola: basquete, futebol, vôlei, há várias opções. Chame os amigos para jogar nos fins de semana. O importante é se manter em movimento.

O que eu ganho me exercitando?

Quer saber como ter músculos e ossos fortes? Movimente-se! Quer ter mais pique e foco e ficar mais calma? Movimente seu corpo! Exercício nos dá a energia e a força necessárias para passar por esta grande jornada, além de descansar a mente.

Quanto eu preciso me mexer?

A maioria dos médicos recomenda pelo menos uma hora de exercício diário. Se estiver fazendo algo que ama, o tempo vai voar. Mas lembre-se de que mesmo um pouco de exercício é melhor do que nenhum. Se começar é difícil porque está parada há algum tempo, comece aos poucos e vá aumentando. Tente sair para caminhar com alguma amiga por 20 minutos, ou pergunte a um vizinho se pode levar o cachorro dele para passear. Quanto mais exercitar seu corpo, mais forte ele fica. Se você tem uma deficiência que dificulte a prática de exercício, tente pensar em opções que funcionem para o seu corpo e sejam do seu agrado. Pratique pelo tempo que conseguir. Movimentar-se pode ser diferente para corpos diferentes.

    E, para inspirar, aqui está um jogo ideal para se exercitar em casa: *Dez Jeitos Divertidos de Mover Seu Corpo*.

1. **Bananeira:** fortaleça os músculos do abdômen e faça com que o sangue vá até o cérebro plantando bananeira.

2. **Pular corda:** acelere o coração com esse exercício divertido. Vá para a rua ou *playground* do prédio e chame os amigos para se exercitarem com você.

3. **Corrida de carrinho de mão:** você e seu parceiro ou parceira (você vai precisar!) vão ganhar músculos nos braços, nas pernas e no abdômen!

4. **Corrida de animais:** salte igual um coelho, pule como um sapo ou tente caminhar agachada como um pato pela casa para ver em qual imitação consegue ir mais longe.

5. **Corrida de obstáculos:** crie um caminho cheio de obstáculos dentro de casa com travesseiros, bichos de pelúcia e brinquedos (só avise os adultos antes para não levar bronca pela bagunça). Ou desenhe um mapa do percurso com giz no quintal.

6. **Dança de congelar:** faça os seus melhores passos e congele quando a música parar. Volte a dar tudo de si quando a música voltar.

7. **Ataque o plástico bolha:** faça um estouro pulando no plástico bolha até aniquilar todas as bolhas.

8. **Corrida da arrumação:** pegue um timer e marque 2 minutos. Veja quão rápido você e sua amiga conseguem arrumar seu quarto. É atividade física, mas é também um jeito divertido de ajudar nas tarefas da casa.

9. **Briga de travesseiro:** nem precisa explicar; com amigos, irmãos, faça! É incrível!

10. **Flexão da pipoca:** coloque uma cumbuca de pipoca no chão. Faça uma flexão perto da cumbuca e ponha a língua para fora, tentando capturar uma pipoca a cada flexão realizada.

Movimentando seu corpo com segurança

Nossos corpos são resistentes, mas também são delicados e precisam de cuidados antes de iniciar uma prática regular de exercício. Aquecimento antes de se exercitar e relaxamento depois são especialmente importantes se você pratica esportes coletivos ou dança em uma companhia; dançarinos e atletas podem se machucar com mais frequência por causa do estresse que essas atividades geram na musculatura e na ossatura.

É importante aquecer os músculos antes de começar a se exercitar. Os aquecimentos podem incluir alongamento, caminhadas leves, nado lento e outros movimentos fáceis que preparam os músculos para o exercício físico.

Você também vai querer relaxar depois de se exercitar. Relaxamentos ajudam a retornar devagar ao estado de repouso. Parar de repente um exercício pode dar um choque nos músculos e causar dor ou danos mais sérios. Procure diminuir os movimentos com calma ou volte a se alongar até sentir o coração bater mais devagar. Uma vez que o batimento cardíaco e a respiração estiverem mais lentos, você pode descansar com segurança.

H2 *OH*!

Adivinha o que o seu corpo definitivamente precisa para sobreviver — água! É o líquido mais importante do mundo. Você sabia que seu corpo é feito principalmente de água? Então, é claro que seu corpo é mágico! Água é a melhor bebida que você deve oferecer ao seu corpo, para se sentir bem e o organismo funcionar direito.

A quantidade ideal que deve ser ingerida diariamente é um debate. Mas o que sabemos com certeza é que você deve beber mais água do que qualquer outro líquido. Refrigerantes ou sucos de caixinha são repletos de açúcar e sódio, além de outras substâncias que, quando ingeridas em excesso, prejudicam o organismo. Você deve beber de um a dois copos de água antes de começar a se exercitar, um copo durante o exercício e pelo menos um no final.

Se você só bebe água quando está com sede, seu corpo já está com menos água do que precisa. Crie uma rotina para se hidratar regularmente.

SONO

Independentemente de ainda amar uma história antes de dormir ou de já apagar para a terra dos sonhos assim que deita a cabeça no travesseiro, uma coisa é certa: seu corpo precisa dormir e precisa dormir muito se você deseja se manter saudável e feliz durante a puberdade (e mesmo depois). Seu corpo está crescendo mais rápido do que em quase todos os outros momentos da sua vida. A produção de novos hormônios às grandes mudanças físicas consomem uma quantidade enorme de energia. Como você garante que seu corpo tem o que precisa para mandar bem no crescimento maravilhoso dele? Dormir o suficiente é um dos pilares para garantir o que você precisa.

Quanto de sono é o suficiente?

Garotas entre os 8 e 11 anos devem dormir entre nove e onze horas por noite. Então, para cuidar bem do seu corpo, talvez deva desistir das séries e filmes que passam mais tarde.

Por que eu preciso dormir tanto?

Enquanto seu corpo se prepara para a puberdade, você pode se perceber mais sonolenta do que o normal ou com dificuldade de acordar de manhã. Precisar de mais sono é normal na puberdade para seu corpo dar conta de acontecimentos como o pico de crescimento (o desenvolvimento dos ossos acontece enquanto você dorme), produção de hormônios e crescimento dos seios, por exemplo. Isso é um tremendo de um trabalho, e seu corpo precisa de energia para realizar essas tarefas.

Sono insuficiente pode afetar a memória, a habilidade de aprender e entender e o humor. Você simplesmente não quer ser a pessoa mais mal-humorada, exausta e sonolenta na prova de gramática, quer?

Para ter certeza de que seu cérebro e seu corpo estão trabalhando nas melhores condições, dê a eles boas horas de sono.

Três dicas para um bom sono

É provável que sua agenda esteja lotada de compromissos. Escola, dever de casa, atividades, amigos, família e aulas particulares de idiomas. Uau! Com tanta coisa acontecendo, pode ser difícil parar e desligar o cérebro para dormir no fim do dia, mesmo quando você está cansada. Aqui estão algumas dicas que vão fazer os sonhos chegarem rapidinho:

1. **Tenha hora certa de dormir e cumpra o horário**
   Seu corpo estará mais preparado para descansar se souber quando esperar o descanso.

Ter uma hora determinada para ir para a cama toda noite contribui para ter as horas de sono de que precisa.

2. **Evite comidas e bebidas que a deixam ligadona**
Algumas comidas e bebidas têm um ingrediente que aumenta a energia, e consumi-las dificulta a chegada do sono. Refrigerantes, café, alguns chás, e chocolate têm um ingrediente chamado cafeína, que é estimulante. Você deve limitar a ingestão diária de cafeína e evitá-la pelo menos cinco horas antes da hora de se deitar.

3. **Luzes apagadas**
Nosso organismo é feito para acordar com a luz do dia e dormir à noite. Esse é um truque muito legal ao qual ele reage naturalmente, e coisas como lâmpadas, computadores e telas de celular podem facilmente levar o corpo a acreditar que ainda devia estar acordado.
Desligar as luzes e as telas pelo menos meia hora antes de ir para a cama é uma ótima maneira de lembrar seu corpo de que é hora de descansar e recarregar.

O que não ajuda

Enquanto nutrição, exercícios e sono ajudam a manter o trem da puberdade andando, três coisas fazem com que seu amadurecimento físico e mental empaque nos trilhos — então é só dizer não a elas.

Fumo

Cigarros foram criados para que empresas ganhem um monte de dinheiro fazendo você acreditar que fumar é legal. Enriquecem convencendo jovens a começar a fumar cedo, porque elas sabem que cigarros viciam (uma vez que você começa, é difícil parar).

Lembre-se sempre: primeiro, você é esperta demais para deixar uma empresa malandra enriquecer às suas custas por anos. Segundo, quase todo mundo sabe que cigarros não só fazem você tossir como deixam fedidos suas roupas, cabelos e hálito — além dos danos para a saúde, que podem ser letais. Cigarros causam câncer, doenças pulmonares e outras condições que geram risco de vida. Não permita que roubem sua saúde e levem seu dinheiro. Não fume!

Álcool e drogas

Outdoors, comerciais e revistas estão constantemente falando sobre álcool. Programas na TV e noticiários estão constantemente falando sobre drogas. Por quê? Pelo mesmo motivo que as empresas de cigarro falam sobre cigarros. As empresas ganham muito dinheiro quando as pessoas consomem bebidas alcoólicas, e traficantes ganham muito dinheiro quando as pessoas compram e usam drogas.

Papo reto: drogas e álcool são superperigosos para os jovens e, sim, para adultos também. Mas uma vez que o corpo está mudando e se desenvolvendo de maneira drástica durante a puberdade, álcool e drogas podem ser ainda mais prejudiciais e trazer problemas por toda

♥ VOCÊ TEM COMPANHIA! ♥

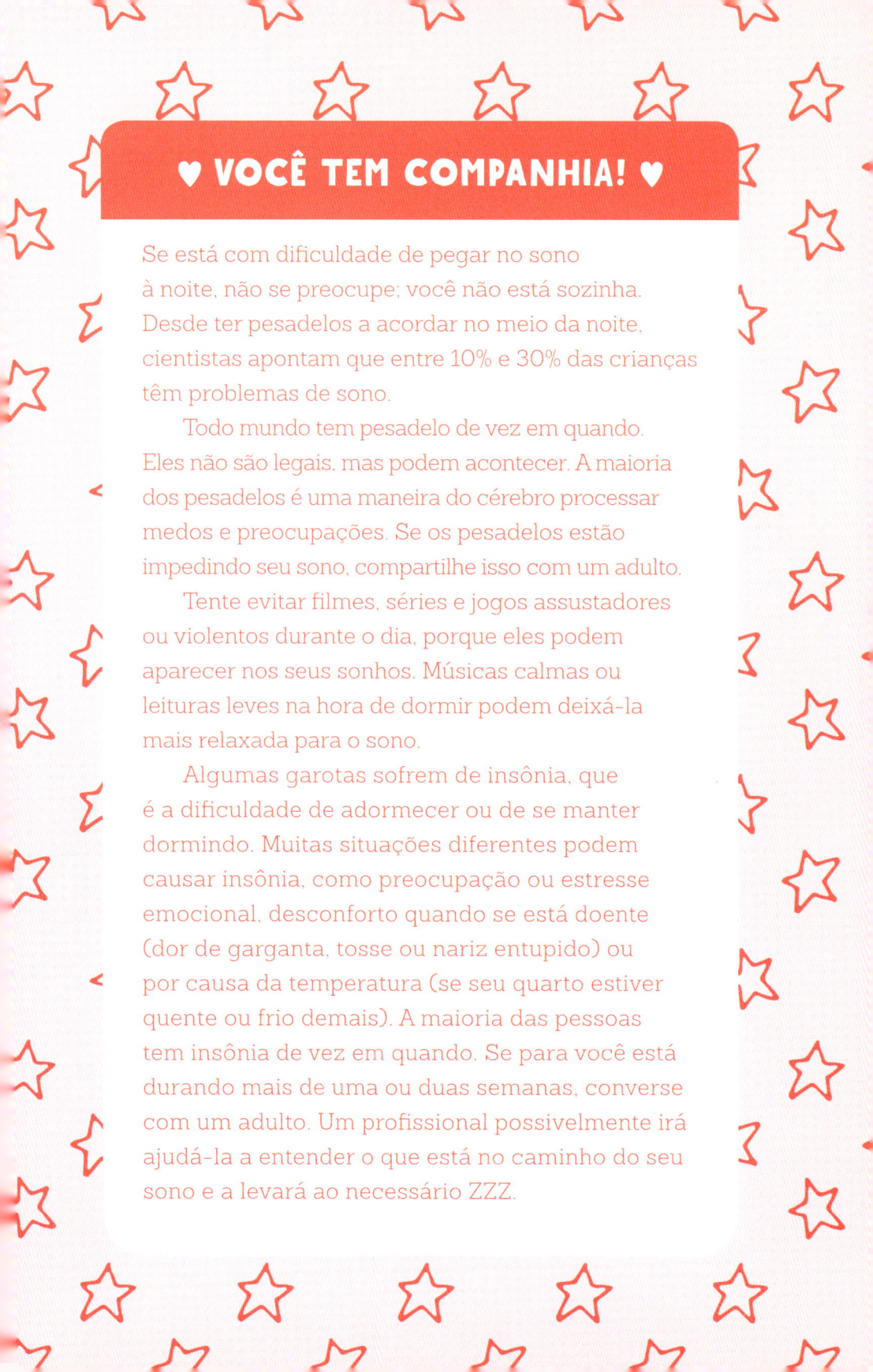

Se está com dificuldade de pegar no sono à noite, não se preocupe; você não está sozinha. Desde ter pesadelos a acordar no meio da noite, cientistas apontam que entre 10% e 30% das crianças têm problemas de sono.

Todo mundo tem pesadelo de vez em quando. Eles não são legais, mas podem acontecer. A maioria dos pesadelos é uma maneira do cérebro processar medos e preocupações. Se os pesadelos estão impedindo seu sono, compartilhe isso com um adulto.

Tente evitar filmes, séries e jogos assustadores ou violentos durante o dia, porque eles podem aparecer nos seus sonhos. Músicas calmas ou leituras leves na hora de dormir podem deixá-la mais relaxada para o sono.

Algumas garotas sofrem de insônia, que é a dificuldade de adormecer ou de se manter dormindo. Muitas situações diferentes podem causar insônia, como preocupação ou estresse emocional, desconforto quando se está doente (dor de garganta, tosse ou nariz entupido) ou por causa da temperatura (se seu quarto estiver quente ou frio demais). A maioria das pessoas tem insônia de vez em quando. Se para você está durando mais de uma ou duas semanas, converse com um adulto. Um profissional possivelmente irá ajudá-la a entender o que está no caminho do seu sono e a levará ao necessário ZZZ.

a sua vida adulta. Tanto álcool quanto drogas (inclusive maconha) podem causar danos no cérebro e lesionar rins, pâncreas, fígado e coração enquanto eles crescem. Simplificando, drogas e álcool causam muito estrago aos nossos órgãos.

Alguns adolescentes tentam transformar o ato de beber, usar drogas e fumar em coisas normais e legais de se fazer. Frequentemente, adquirem esses hábitos porque não se sentem bem consigo mesmo ou porque enfrentam problemas com os quais não sabem como lidar. Usam isso como fuga. O melhor é buscar um adulto em quem você confia e falar desses sentimentos e problemas. Tudo bem pedir ajuda, pois não há necessidade de passar por nenhuma dificuldade sozinha. Crescer pode trazer angústia, ansiedade e uma sensação de solidão às vezes, mas você tem dentro de si todo o poder e a inteligência de que precisa para se tornar uma jovem fantástica e corajosa — e não precisa de drogas ou álcool para isso.

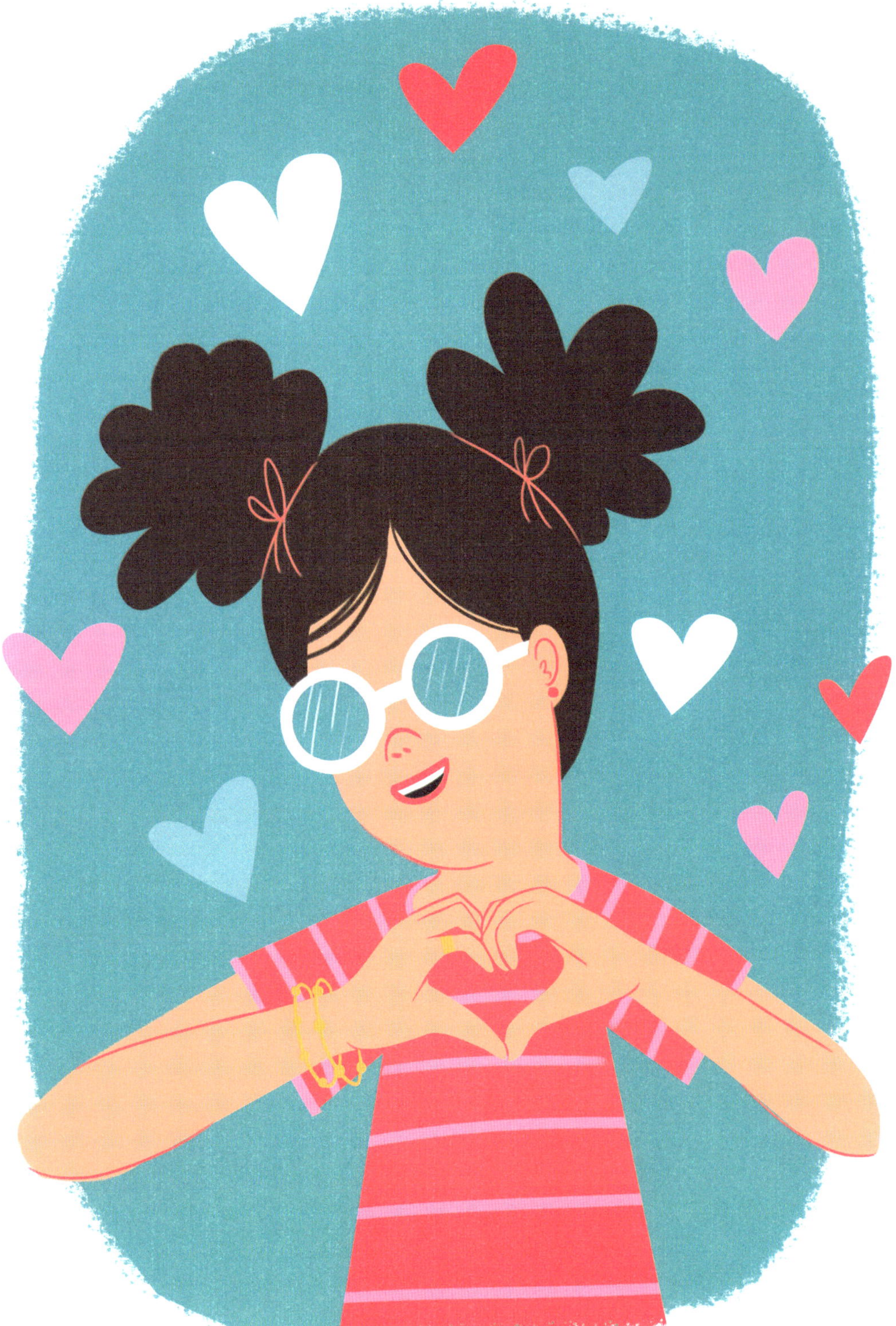

7

ENTRE AMIGOS E EMOÇÕES

Você e seu corpo fizeram um trabalho colossal para chegar até aqui. Se dê uma salva de palmas! Você aprendeu um monte sobre seu fantástico e fascinante corpo. Mas durante a puberdade não acontecem apenas mudanças físicas — ela também traz mudanças emocionais. Suas transformações também envolvem emoções, amigos e ideias. É... essa é outra estação da puberdade que merece bastante atenção da sua parte. Vamos falar sobre o que esperar dessa parada.

MONTANHA-RUSSA DE EMOÇÕES

Apesar de a puberdade ser praticamente uma viagem de trem, às vezes ela pode parecer mais uma montanha-russa, cheia de subidas altas e descidas de revirar o estômago. Você já saiu batendo a porta do quarto porque sua mãe disse algo que não gostou? Às vezes sente que suas emoções estão uma bagunça? Grande parte do que você está vivendo é o resultado de algo que já falamos ao longo deste livro. Algum palpite? Vai lá, aposto que consegue se lembrar... Isso! Os bons e velhos hormônios. Seu corpo está produzindo novas químicas para que amadureça. Esses hormônios afetam as funções do seu corpo, mas também suas emoções.

Por que meus sentimentos são tão intensos?

Humanos sentem coisas: alegria, tristeza, raiva, frustração, confusão, preocupação, maravilhamento, excitação, medo e milhões de outros sentimentos que talvez ainda nem tenhamos palavras para descrever! Emoções fortes são parte da nossa condição humana. Enquanto seu corpo se ajusta aos novos hormônios, pode ser que você perceba seus sentimentos com maior intensidade. De certa forma, eles são maiores do que pareciam ser. Essas emoções podem transformá-la em uma pessoa mais sensível do que de costume. Não estranhe se em alguns dias sentir muita vontade de chorar sem motivo aparente. Em outros, pode ser que se sinta furiosa por alguma coisa que antes nem lhe causava irritação. Tudo isso é normal e está tudo bem.

    Claro, essas oscilações podem ser esquisitas e intensas. É possível que você também viva novas emoções como a inveja ou mesmo um interesse romântico por alguém da escola ou do seu grupo de amigos. Você pode sentir que ninguém a compreende ou se sentir confiante. Você pode ter perguntas quanto a si mesma e ao mundo que nunca teve antes. Quanto mais novas experiências, mais sentimentos serão possíveis.

    Não importa qual sentimento vivencie nesse período, o ideal é saber que você é importante, inteligente e capaz de fazer o que quiser. É uma garota boa o suficiente, não importa como se sinta. Sempre se lembre de que sentimentos não duram para sempre. Respire fundo e continue no trem. Faz parte da viagem.

Como lidar com o meu humor?

Você pode sentir que suas emoções estão no controle e que está sendo levada por elas. Mas não precisa ficar pendurada do lado de fora do vagão nesse trecho da viagem. Existem coisas que você pode fazer para lidar melhor com as emoções durante a puberdade. Espere aí que vamos revisar algumas delas no último capítulo.

De volta aos três pilares

Uma alimentação saudável facilita lidar com as variações de humor. Se tem uma coisa que deixa qualquer um de mau humor e impaciente é fome. Quando você não come, seu corpo fica lento e mole. Ao perder energia, seu humor também começa a piorar. Não tem nada pior do que estar com fome e irritada ao mesmo tempo — ou podemos dizer "esfomitada". Não fique "esfomitada". Faça três refeições e pequenos lanchinhos, sempre com alimentos saudáveis ao longo do dia.

Durante o exercício físico, o cérebro produz uma substância chamada endorfina, que causa bem-estar. Está de saco cheio? Dê uma volta no quarteirão. Triste? Experimente nadar ou dançar para trazer a felicidade de volta ao seu corpo.

E não se esqueça de dormir. A mente e o corpo precisam de tempo para recarregar. O sono equivale ao alimento para o cérebro. Sua cabeça vai ficar "esfomitada" se não tiver o que precisa: entre nove e onze horas de sono por noite.

Meditação

Sentar-se em silêncio por alguns minutos diariamente e deixar a mente se aquietar também ajuda na melhora do humor. Essa prática é chamada de meditação e constitui uma ótima ferramenta para aprender a lidar com emoções quando elas estão fora de controle. Sentimentos podem ser como visitas que não ficam por muito tempo, mas que nesse período precisam da nossa atenção. A meditação nos ensina bem isto: se relacionar com as emoções repentinas até elas irem embora.

Bota para fora

Sentir emoções novas e intensas pode ser um pouco confuso. Um jeito de diminuir a confusão é expor o que pensa e sente. Conversar sobre seus sentimentos com um adulto de confiança que se importa com você, acredita em você e quer o seu melhor é uma maneira maravilhosa de navegar por essas emoções todas sem que se sinta sozinha. Encontre um adulto que seja bom ouvinte e possa conversar sobre o que você está sentindo. Adultos também passaram pela puberdade e podem ter as palavras certas nessa fase.

Outra ótima forma de botar para fora esses sentimentos é escrever em um diário. Ponha no papel os medos, as alegrias e as conquistas. Escreva quando alguém provocar a sua ira ou quando um amigo chateá-la. Escreva quando arrasa no *look* ou quando acha que seus colegas estão julgando você. Escrever é um jeito fácil e eficiente de colocar os sentimentos em um lugar seguro.

Talvez você possa compartilhar o seu diário com alguém de confiança, ou talvez deva escrever só para você. De qualquer forma, um diário abre espaço para que entenda o que está acontecendo nessa montanha-russa de sentimentos de um jeito saudável.

AMIZADES

Você tem um melhor amigo ou melhor amiga? Talvez dividam segredos e passem tempo juntos conversando. Talvez façam festas do pijama e curtam jogar juntos. Pode ser que vocês conversem um com o outro quando as coisas estão difíceis e se façam rir até a barriga doer. Podem até ficar bravos um com o outro e se magoarem — mas sempre pedem desculpas e fazem as pazes. É possível que até passem dias sem se falar. Amizades são maravilhosas, mas não são perfeitas. Como qualquer coisa que você ama, é bom cuidar das amizades se deseja que elas durem.

Infelizmente, nem todas as amizades são para sempre. Alguns laços podem permanecer para além da adolescência, mas alguns se desfazem ou mudam, enquanto você também muda. Algumas amizades podem ser mantidas por anos, outras duram semanas (como aquelas que se faz em viagens, por exemplo), meses ou só durante o ano letivo. Enquanto você cresce e muda, suas amizades podem se transformar também — e isso é normal.

Amigo que é amigo...

Não importa se você tem os mesmos amigos há vinte anos ou por um curto período. Amizades sempre serão uma parte importante da sua vida. Humanos precisam de outros humanos, e esse é um dos motivos pelos quais fazemos amigos. Somos sedentos por encontrar pessoas de que gostamos e passar algum tempo com elas. Encontrar bons amigos é importante, assim como importa ser uma boa amiga.

Infelizmente, não há receita pronta de como ser uma boa amiga. Então a gente meio que anda aos trancos e barrancos nessas relações, mas não precisa ser assim. Encontrar bons amigos não tem que ser um mistério, mas demanda que você seja o tipo de amiga que todo mundo quer ter. O que faz de alguém um bom amigo? Aqui vai uma lista das 20 qualidades que caracterizam um bom amigo:

Amigo que é amigo...

1. não quer te magoar.

2. pede desculpas quando pisa na bola.

3. quer ter você por perto.

4. gosta de ajudá-la a fazer novos amigos.

5. gosta de te motivar.

6. trata você com carinho.

7. é bom ouvinte.

8. quer ajudar, mesmo quando não sabe direito o que fazer ou dizer na hora.

9. admite um erro.

10. incentiva você a ser autêntica.

11. não faz fofoca sobre sua vida ou de outras pessoas.

12. não vai pedir para você escolher entre ele e seus outros amigos.

13. não fala pelas suas costas.

14. incentiva você a expor o seu melhor.

15. é honesto.

16. defende você e seus outros amigos.

17. aponta quando alguma coisa é perigosa ou nociva.

18. ri com você, não de você.

19. abre espaço na agenda para encontrá-la.

20. tenta fazer com que você se sinta melhor quando está triste ou preocupada.

Ser uma boa amiga é tão importante quanto encontrar bons amigos. Aqui vai uma notícia triste: às vezes, você pode fazer todas as coisas dessa lista e mesmo assim alguém pode não querer sua amizade. Digamos que você tenha uma melhor amiga desde a creche, e agora, no sexto ano, de repente, ela não quer mais ser sua melhor amiga. Poxa, é claro que isso é chato, mas não quer dizer que ela seja uma pessoa ruim ou que alguma coisa esteja errada com você. Só quer dizer que vocês duas estão crescendo e mudando... E, quando mudamos, quem se encaixa no papel de bom amigo pode começar a mudar também. Crescer significa descobrir novos interesses e passatempos. Pode ser que encontremos coisas novas, divertidas, mas diferentes do que nossos antigos amigos gostam.

♥ VOCÊ TEM COMPANHIA! ♥

Um jeito de fazer novos amigos é conhecer os amigos dos seus amigos. E a melhor maneira de fazer isso acontecer é apresentar os amigos entre si.

Apresente sua amiga da escola para o seu amigo do bairro, e talvez ela também lhe apresente aos amigos do bairro dela. Convide amigos de grupos diferentes da sua vida — da escola, do bairro, do seu time, das suas atividades extracurriculares e assim por diante — para a sua festa de aniversário e misture todo mundo. Diga *oi* para os amigos dos seus amigos quando você for chamada para as festas e semeie novas amizades!

Como entendo que uma amizade acabou?

Às vezes, amigos começam a passar cada vez menos tempo juntos. Mas não passar tanto tempo junto nem sempre quer dizer que vocês não tenham mais amizade. Pode ser que ele ou ela esteja fazendo outras coisas ou passando por mudanças na vida familiar. A melhor forma de saber o que está acontecendo em uma amizade é perguntar. Mas, antes de começar a conversa, pense bem se você quer continuar amiga da pessoa. Tudo bem se não quiser; é só continuar passando tempo com outras pessoas e menos com quem passava antes. Quando souber o que quer, tire um tempo para conversar.

Falar sobre sentimentos e amizades pode ser desconfortável de vez em quando, mas uma das qualidades de um bom amigo é a honestidade. Você pode começar a conversa perguntando se as coisas estão indo bem na vida da pessoa. Então, pode dizer que percebeu que vocês não têm passado tanto tempo juntas como antes e que deseja saber se está tudo bem. Sua amiga ou seu amigo pode dizer que tem se ocupado muito com a escola ou com a família. Ou pode afirmar que não sabe por que vocês não têm se encontrado tanto. Não se esqueça de que amizades requerem esforço das duas partes. Se você quer manter a amizade, mas é a única se esforçando, talvez essa não seja uma boa relação. Não importa o que aconteça, aprender a se comunicar bem vai ajudá-la ao longo da puberdade. Sua capacidade de comunicação pode salvar algumas amizades ao longo do caminho.

Fazendo novos amigos

Seres humanos precisam de amigos, por isso provavelmente alguém está procurando por novas amizades exatamente quando você também estiver. O difícil é se acharem. A timidez pode complicar um pouco, mas não impossibilita. A escola é um ótimo lugar para fazer amigos porque propicia muitas chances de se aproximar e se apresentar a novas pessoas. Se for o momento de formar duplas na aula, pergunte à pessoa que você quer conhecer se ela não quer ser sua parceira.

Sente-se ao lado de alguém novo durante o intervalo ou na biblioteca. Mas a escola não é o único lugar para conhecer gente nova. Você pode fazer novos amigos durante atividades extracurriculares, saindo com primos e conhecendo vizinhos.

8

FAMÍLIA E OUTROS ESPAÇOS SEGUROS

Toda menina merece um espaço onde se sinta cuidada e segura. Na verdade, todo mundo merece isso. Por diferentes razões, esse espaço pode ser difícil de encontrar. Mas, mesmo quando parece difícil, existe um lugar onde você sempre estará segura: dentro de si. Tudo de que você necessita para passar pela puberdade e se tornar uma pessoa incrível já está dentro de você. Esse tempero especial se chama sabedoria, e se aprender a escutá-la com calma, ela pode oferecer as respostas de que você mais precisa. Escutar a si mesma facilitará seu encontro com pessoas maduras que responderão às suas dúvidas ou lhe darão apoio e motivação quando necessário. Aqui vão alguns jeitos de ouvir a voz inteligente dentro de si e deixar que ela a conduza.

ENCONTRE UM OMBRO AMIGO

Ao longo deste livro você foi orientada a buscar adultos de confiança para conversar sobre dúvidas e preocupações. Mas você pode estar se perguntando: "Como vou saber que adulto é confiável?". Ótima pergunta! Um adulto de confiança é, antes de tudo, adulto. Muitas crianças e adolescentes perguntam para outras crianças e adolescentes sobre puberdade e crescimento. Tudo bem conversar com seus amigos sobre seus sentimentos, até porque eles talvez se sintam de maneira parecida. Apenas tenha em mente que seus amigos não são as melhores pessoas para perguntar sobre as mudanças físicas e emocionais da puberdade. O que eles sabem? Eles estão nesta primeira jornada assim como você.

Um adulto de confiança já tem as respostas porque já estudou essa matéria. Um adulto de confiança é alguém que você sabe que se importa com você e deseja a sua segurança e saúde. Talvez você não goste do que um adulto de confiança tenha para dizer, mas, dentro de você, sabe que aquela pessoa quer o seu melhor.

Pessoas que revelam segredos de outros adultos não são de confiança. Pessoas que fazem coisas que a machucam física ou emocionalmente, ou que dizem coisas más para você também não são. Para muitas meninas, seus adultos de confiança podem ser a mãe, o pai ou um irmão ou irmã mais velha, mas outras meninas podem não ter essas pessoas a seu redor. Tudo bem. Famílias, assim como corpos, podem ser diferentes, e para algumas garotas seu adulto de confiança pode ser um professor ou professora que realmente conversa e acredita nelas.

Você também pode ter mais de um adulto de confiança. Talvez queira falar sobre amizades na escola com um professor ou uma professora e desabafar sobre menstruação com sua mãe. O mais importante é saber que tudo bem ter questões, e você pode olhar em volta até encontrar a pessoa certa que lhe dará respostas.

Neste momento, talvez esteja pensando: "Mas e se eu ficar nervosa ou envergonhada de perguntar alguma coisa?". Nervosismo é completamente OK e muito normal senti-lo. No entanto, isso não deve impedi-la de pedir ajuda. Você pode usar este livro como um meio para obter suas respostas. É só levá-lo a um adulto de confiança e pedir para que leia as partes sobre as quais você quer conversar. Pode também fazer um "pote" de perguntas. Escreva sua pergunta em um pedaço de papel e a coloque em um pote. Peça a um adulto de confiança para ler a pergunta, escrever a resposta e colocá-la de volta ao pote. Essa é uma boa forma de começar conversas que a deixam nervosa.

Lembre-se sempre de que não tem nada sobre seu corpo, puberdade ou crescimento de que possa se envergonhar. Seu corpo maravilhoso está em uma jornada espetacular, e todos os adultos passaram por ela também. Certamente você vai encontrar apoio ao longo do seu caminho.

CONSENTIMENTO SEMPRE

Seu corpo é seu e de mais ninguém. Isso quer dizer que você toma todas as decisões quanto a ele, como quem pode tocá-lo e quem não pode. Você não precisa abraçar ou beijar pessoas se não quiser. E quem quiser tocá-la deve pedir permissão antes. Não tem problema dizer a elas que precisam pedir sua permissão — mesmo membros da sua família. Isso é consentimento, ou seja, precisamos pedir permissão antes de qualquer interação com o corpo de outra pessoa para saber se ela aceita ou não. Você exerce seu consentimento ao dizer: "Por favor, peça permissão antes de tocar no meu corpo". Treine essa frase diante do espelho até se sentir confiante e confortável. Quanto mais você pratica, mais fácil será dizer essa frase para outras pessoas quando precisar estabelecer limites. Claro, isso funciona dos dois lados, então você também precisará pedir consentimento antes de tocar o corpo de qualquer pessoa.

DIGA NÃO AOS COMENTÁRIOS SOBRE SEU CORPO

Porque seu corpo é só seu, isso também significa que ninguém tem o direito de falar sobre ele de um modo que você não gosta. De maneira geral, é feio falar sobre o corpo de outras pessoas. Se sua mãe, pai, tia, irmão, colega ou mesmo um estranho estão falando sobre o seu corpo de um jeito que a incomoda, é perfeitamente válido pedir para pararem. Você pode treinar dizendo "É feio falar sobre o corpo dos outros. Pare, por favor".

Um lugar em que essa frase pode ser muito útil é na escola. Enquanto seu corpo se desenvolve durante a puberdade, outras meninas (e, às vezes, meninos) podem tecer comentários sobre essas mudanças. Infelizmente, não é todo mundo que é ensinado a respeitar o corpo dos outros, o que significa que talvez você tenha de ensinar como respeitar para ser respeitado. Diga a essas pessoas que aprendeu que comentar sobre os corpos dos outros não é legal e quer dividir o que aprendeu com elas. Assim, você se torna a embaixadora de uma boa relação com seu corpo e com o dos outros! Se alguém continuar comentando sobre seu corpo, mesmo depois que você pediu para que parasse, fale com um adulto de confiança para encontrarem outra solução para isso.

SEU DIREITO À PRIVACIDADE

Enquanto você atravessa a puberdade, é válido pedir mais privacidade: manter um diário que ninguém mais pode ler, fechar a porta do seu quarto de vez em quando ou pedir para ser deixada em paz quando precisa de espaço. Privacidade é importante enquanto se torna adolescente, mas cuidado para não acabar se isolando das pessoas que se importam com você. Se precisa de um tempo porque está triste, tente conversar sobre os seus sentimentos mais tarde. A comunicação faz parte do seu processo de se tornar uma jovem poderosa, e bons comunicadores falam sobre as coisas mesmo quando elas são difíceis.

PRESSÃO SOCIAL E PUBERDADE

Uma das coisas mais incríveis da puberdade e do crescimento é descobrir quem você é. Seu gosto para música, roupas e amigos pode ser totalmente diferente do que costumava ser. A cada dia você vai se construindo, da maneira mais magnífica possível.

É normal se sentir confusa, às vezes. Talvez tenha a sensação de que não sabe mais quem é e do que gosta, porque é muito diferente daquela do passado. Durante esse período, você pode vivenciar pressão social, quando seus amigos ou colegas tentam convencê-la a fazer algo que talvez não queira. Crianças e adolescentes vão sempre dizer coisas como: "Qual é, todo mundo está fazendo", ou "Todo mundo que é maneiro faz", ou ainda "Se você realmente gosta de mim/se você é realmente minha amiga, vai fazer…". O "fazer" aqui pode ser qualquer coisa, desde ir a um lugar que não queira ir ou dizer que você tem uma quedinha por alguém, até experimentar bebida alcoólica, fumar ou usar drogas.

Ninguém que realmente se importa com você vai forçá-la a fazer algo que não queira. Bons amigos

e boas pessoas não vão expô-la dessa forma. Assim como o seu corpo vai se desenvolver no próprio ritmo, assim também será com seus interesses sociais.
Há tempo de sobra para se tornar a pessoa que você quer ser, e não existe motivo para apressar nada. Manter-se honesta consigo mesma, tornando-se sua melhor versão é o que confere a você o carimbo de uma menina forte, única e poderosa!

★ ★ SEGURANÇA NAS ★ ★ REDES SOCIAIS

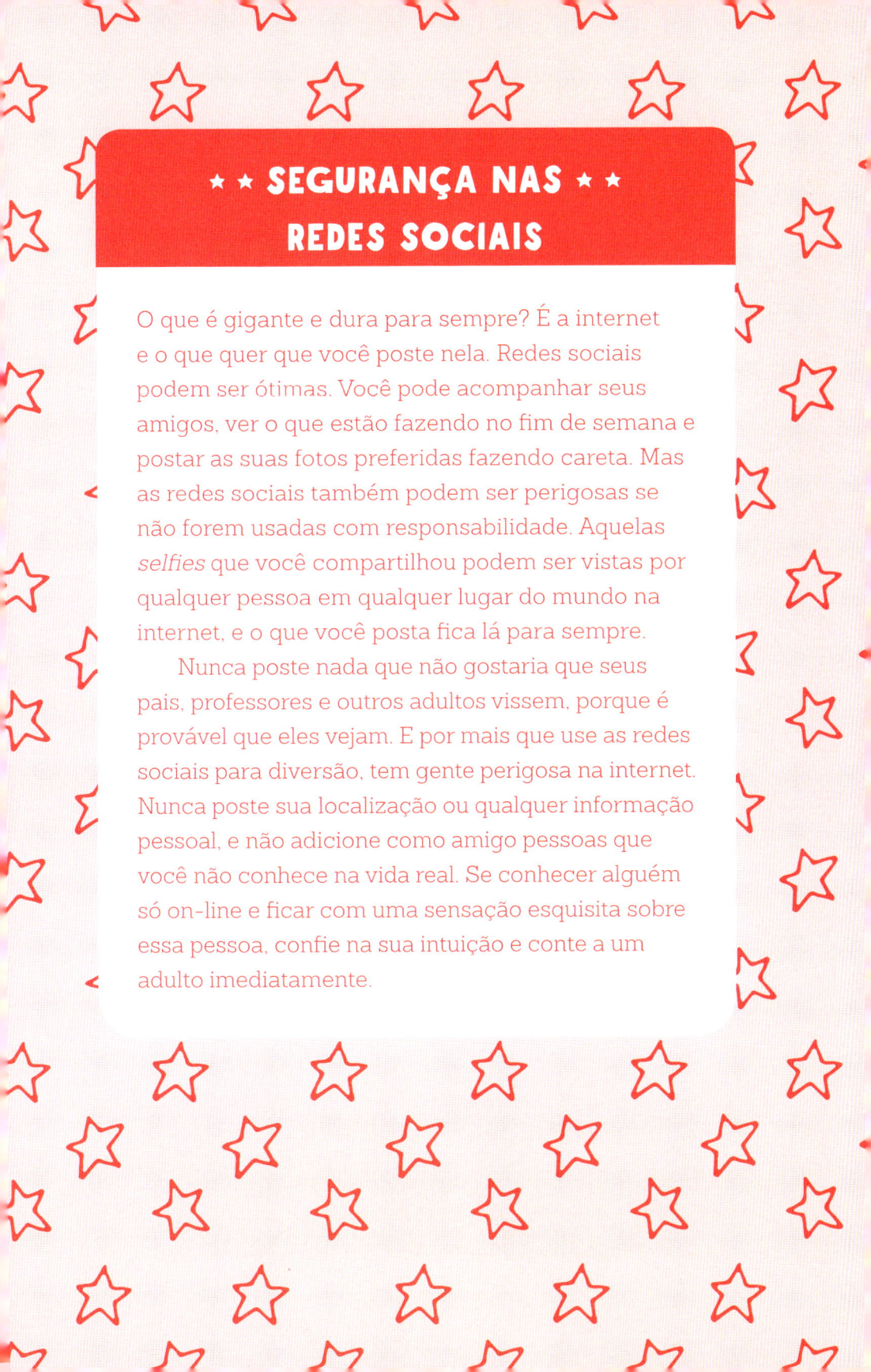

O que é gigante e dura para sempre? É a internet e o que quer que você poste nela. Redes sociais podem ser ótimas. Você pode acompanhar seus amigos, ver o que estão fazendo no fim de semana e postar as suas fotos preferidas fazendo careta. Mas as redes sociais também podem ser perigosas se não forem usadas com responsabilidade. Aquelas *selfies* que você compartilhou podem ser vistas por qualquer pessoa em qualquer lugar do mundo na internet, e o que você posta fica lá para sempre.

Nunca poste nada que não gostaria que seus pais, professores e outros adultos vissem, porque é provável que eles vejam. E por mais que use as redes sociais para diversão, tem gente perigosa na internet. Nunca poste sua localização ou qualquer informação pessoal, e não adicione como amigo pessoas que você não conhece na vida real. Se conhecer alguém só on-line e ficar com uma sensação esquisita sobre essa pessoa, confie na sua intuição e conte a um adulto imediatamente.

CONCLUSÃO

Parabéns! Você viajou no trem da puberdade por toda a estação do crescimento! Aprendeu muito sobre seu corpo e todas as mudanças que pode esperar nos próximos anos, e espero que se sinta mais preparada para lidar com essa nova fase. Porém, espero que tenha aprendido o mais importante: que já é uma garota fenomenal, e a puberdade não vai mudar isso. Na verdade, espero que nesse período você se sinta ainda mais confiante e saiba que é uma pessoa maravilhosa.

    Não se preocupe em se parecer com ninguém. Não se preocupe por ser diferente. Diferenças são espetaculares. A sua jornada de crescimento será única e especial e você vai ter altos e baixos. Haverá dias em que você se sentirá forte e capaz de fazer tudo, e outros em que se sentirá sobrecarregada e até um pouco assustada. Tudo bem. Todas nós nos sentimos assim em algum momento, mas lembre-se que no seu interior você tem tudo de que precisa para se tornar uma adulta excepcional.

    Tenha orgulho de si mesma. Tenha orgulho do seu corpo em desenvolvimento. Você deu um grande passo até aqui e absorveu muitas informações sobre como seu corpo funciona e as mudanças que estão por vir. Esse é o sinal de que é uma menina brilhante e inteligente que está comprometida a cuidar de si mesma. Acredite, você está no caminho de se tornar sua melhor versão. Aproveite a jornada!

GLOSSÁRIO

Abertura da uretra/ uretra: pequeno buraco abaixo do clitóris por onde se expele a urina.
Acne: inflamação causada pela obstrução dos poros com excesso de óleo e impurezas.
Aréola: os círculos escuros em volta dos mamilos.
Brotos mamários: a saliência dura debaixo dos mamilos.
Cafeína: substância estimulante presente em certas comidas e bebidas que pode dificultar o sono.
Cálcio: mineral que dá força aos ossos. Sem ele, você pode desenvolver doenças ósseas graves ao longo da vida.
Caspa: pedacinhos de pele morta no couro cabeludo.
Clitóris: botão de pele pequeno e sensível na parte de cima dos lábios vaginais.
Consentimento: permissão antes de fazermos qualquer coisa com o corpo de outra pessoa.
Corrimento: combinação de muco e fluidos criados pelo aumento de hormônios no corpo.

Cravos: poro entupido com oleosidade, células mortas e impurezas. Cravos são um tipo de acne.
Dermatologista: médico que cuida da pele.
Dores de crescimento: dores e incômodos nos músculos, pernas e coxas que oscilam durante o pico de crescimento.
Escoliose: curvatura na espinha dorsal.
Estrogênio: hormônio que cuida da menstruação, assim como de outras funções corporais.
Genitais: as partes íntimas.
Hormônios: substâncias produzidas pelo corpo que são importantes para as mudanças vividas durante a puberdade.
Insônia: dificuldade de adormecer ou se manter dormindo.
Lábios: as dobras internas e externas de pele na vulva.
Mamilos: os botões nos picos das auréolas.
Meditação: a prática de manter-se em silêncio por alguns minutos e, assim, silenciar a mente e se concentrar no momento presente.
Menopausa: estágio em que uma mulher de meia-idade para de menstruar.
Menstruação: etapa do ciclo de 28 dias em que o sangue e o tecido endometrial são liberados pela vagina.
Miopia: distúrbio visual que dificulta ver nitidamente a distância.
Monte do púbis (monte de vênus): a parte fofinha da carne logo abaixo da barriga.
Ovários: órgãos parecidos com sacos onde os óvulos são produzidos e armazenados. Os ovários produzem

hormônios que são os responsáveis por todas as mudanças no corpo.

Ovulação: quando o corpo libera um óvulo antes da menstruação.

Óvulos: os ovinhos (células reprodutoras femininas) armazenados nos ovários.

Pico de crescimento: período de crescimento rápido quando braços, pernas, pés e mãos crescem.

Pressão social: quando seus amigos ou colegas tentam convencê-la a fazer algo que não quer.

Puberdade: o período da vida em que o corpo se desenvolve e se torna capaz de reproduzir.

Puberdade precoce: quando uma menina começa a puberdade antes do corpo dela estar pronto.

Puberdade tardia: quando uma menina começa a puberdade mais tarde que as outras.

Tensão pré-menstrual (TPM): sintomas presentes de 7 a 14 dias antes da menstruação. Inclui sensibilidade, variação de humor, inchaço ou sensação de mais peso na parte debaixo da barriga e cólica.

Tubas uterinas: par de tubos por onde os óvulos passam para ir dos ovários ao útero.

Útero: órgão reprodutor oco e em formato de pera localizado no abdômen inferior.

Vagina: abertura com um canal que segue para dentro do sistema reprodutivo.

Vulva: todas as partes externas do aparelho genital.

AGRADECIMENTOS

Viajar pela árdua estrada da puberdade através deste livro foi uma bela jornada. Espero que ele faça com que pelo menos uma garota se desenvolva feliz e sem vergonha de seu corpo. Esta jornada não teria sido possível sem a rica contribuição da minha nova comunidade em Aotearoa, Nova Zelândia. Obrigada a Alina e Mandi, Rod e Lyn, Matthew e Brian, e Anna por me hospedarem em lugares lindos e silenciosos que me deram tranquilidade para terminar este trabalho enquanto estava na Nova Zelândia. Obrigada a Kiterangi Cameron por me animar ao longo desse processo e por me ensinar a palavra "livro" em Te Reo Maori: "*pukapuka*". Meus sinceros agradecimentos à minha família e aos meus amigos que me fizeram sentir menos solitária por meio da magia da tecnologia com as inúmeras chamadas de vídeo e pelo aplicativo Marco Polo. E, finalmente, obrigada aos milhões de garotas que diariamente praticam o amor próprio em um mundo que nem sempre é fácil. Eu amo vocês fervorosamente!

REFERÊNCIAS

Capítulo 1

"All About Puberty." *KidsHealth*. Nemours Foundation. Disponível em: http://kidshealth.org/en/kids/puberty.html. Acesso em: out. 2015.

Cooke, Kaz. *Girl Stuff 8-12*. Penguin eBooks, 2016.

Shroff, Amita. "Girls and Puberty." *WebMD*. WebMD, LLC. Disponível em: https://teens.webmd.com/girls/facts-about-puberty-girls#2. Acesso em: 20 mar. 2017.

"What to expect when your breasts bud." *Girlology & Guyology*. Disponível em: www.girlology.com/what-expect-when-your-breasts-bud. Acesso em: 24 jan. 2018.

"World Demographics Profile 2018." *Index Mundi*. Disponível em: www.indexmundi.com/world/demographics_profile.html. Acesso em: 20 jan. 2018.

"World Population Prospects 2017." United Nations. Disponível em: https://esa.un.org/unpd/wpp. Acesso em: 24 jan. 2018.

Capítulo 2

"5 Signs You May Need Braces." 1st Family Dental. Disponível em: https://1stfamilydental.com/5-signs-may-need-braces. Acesso em: 24 jan. 2018.

"A Puberty Timeline for Girls." *Girlology & Guyology*. Disponível em: https://www.girlology.com/puberty-timeline-girls. Acesso em: 24 jan. 2018.

"Average Human Grows 590 Miles of Hair and Eats 35 Tons of Food... AMAZING Human Stats." *Daily Express*. Disponível em: www.express.co.uk/news/weird/437344/Average-human-grows-590-miles-of-hair-and-eats-35-tons-of-food-AMAZING-human-stats. Acesso em: 17 out. 2013.

Burhenne, Mark. "What Is Plaque and Why Is It Harmful?" *Ask the Dentist*. Disponível em: https://askthedentist.com/what-is-plaque. Acesso em: 24 jan. 2018.

"Calcium." *Center for Young Women's Health*. Disponível em: https://youngwomenshealth.org/2013/10/17/calcium. Acesso em: 5 jan. 2017.

Dahl, Andrew A. "Eye Diseases and Conditions." *MedicineNet.com*. Disponível em: https://www.medicinenet.com/image-collection/nearsightedness_picture/picture.htm. Acesso em: 17 set. 2017.

Eddis, Yolanda. "Oral Health in Children as They Become Teenagers." *Colgate*. Colgate-Palmolive Company. Disponível em: www.colgate.com/en-us/oral-health/life-stages/teen-oral-care/oral-health-in-children-as-they-become-teenagers-0913. Acesso em: 24 jan. 2018.

"Genetics Home Reference." *U.S. National Library of Medicine*. Disponível em: https://ghr.nlm.nih.gov/primer/basics/gene. Acesso em: 23 jan. 2018.

Grayson, Charlotte E. "Myopia." *MedicineNet.com*. WebMD Medical Reference. Disponível em: https://www.medicinenet.com/myopia/article.htm. Acesso em: 24 jan. 2018.

"Growing Pains." *Women's and Children's Health Network*. Government of South Australia. Disponível em: http://www.cyh.com/HealthTopics/HealthTopicDetails.aspx?p=114&np=304&id=1520. Acesso em: 13 jul. 2017.

Hirsch, Larissa. "The Basics of Braces." *KidsHealth*. Nemours Foundation. Disponível em: http://kidshealth.org/en/parents/braces.html. Acesso em: mar. 2016.

"How Much Sun Is Enough?" *SunSmart*. Cancer Council Victoria. Disponível em: www.sunsmart.com.au/uv-sun-protection/how-much-sun-is-enough. Acesso em: 24 jan. 2018.

Konie, Robin. "Your Body Needs Fat. Learn Why." *Thank Your Body*. Disponível em: www.thankyourbody.com/why-your-body-needs-fat/. Acesso em: 24 jan. 2018.

Lamb, Philina. "Checkup on Health." *UC Davis Health*. Disponível em: www.ucdmc.ucdavis.edu/welcome/features/20090909_teen_acne. Acesso em: 24 jan. 2018.

Matz, Judith. "9 Common Mistakes Parents Make About Their Kids' Weight." *The Body Is Not an Apology*. Disponível em: https://thebodyisnotanapology.com/magazine/9-common-mistakes-parents-make-about-their-kids-weight. Acesso em: 11 nov. 2017.

"Nail Care: Grooming, Manicures & Problems." *Sutter Health*. Palo Alto Medical Foundation. Disponível em: www.pamf.org/teen/health/skin/nails.html. Acesso em: 24 jan. 2018.

Page, Max. "Bearded Woman Beats the Bullies, Says Facial Hair Makes Her Feel 'Beautiful'." *Popdust*. Disponível em: www.popdust.com/bearded-woman-beats-the-bullies-says-facial-hair-makes-her-feel-beauti-1889836686.html. Acesso em: 19 fev. 2014.

"Puberty: Adolescent Female." *Stanford Children's Health*. Disponível em: www.stanfordchildrens.org/en/topic/default?id=puberty-adolescent-female-90-P01635. Acesso em: 24 jan. 2018.

"Tips for Taking Care of Your Skin." *KidsHealth*. Nemours Foundation. Disponível em: http://kidshealth.org/en/teens/skin-tips.html. Acesso em: 24 jan. 2018.

Quinn, Jessie. "Teens and Skin Care: How Puberty Can Affect Your Skin." *Skincare*. L'Oreal USA. Disponível em: www.skincare.com/

article/teens-skin-care-how-puberty-can-affect-your-skin. Acesso em: 24 jul. 2016.

Shroff, Amita. "Girls and Puberty." *WebMD*. WebMD, LLC. Disponível em: https://teens.webmd.com/girls/facts-about-puberty-girls#1. Acesso em: 24 jan. 2018.

Stoppler, Melissa C. "Puberty." *MedicineNet.com*. MedicineNet. Disponível em: www.medicinenet.com/puberty/article.htm. Acesso em: 1 ago. 2016.

"Sweating and Body Odour." *Women's and Children's Health Network*. Disponível em: www.cyh.com/HealthTopics/HealthTopicDetailsKids.aspx?p=335&np=289&id=3049. Acesso em: 12 dez. 2016.

"What Is Scoliosis?" *KidsHealth*. Nemours Foundation. Disponível em: http://kidshealth.org/en/teens/scoliosis.html. Acesso em: 20 jan. 2018.

Capítulo 3

"What to expect when your breasts bud." *Girlology & Guyology*. Disponível em: www.girlology.com/what-expect-when-your-breasts-bud. Acesso em: 24 jan. 2018.

Capítulo 4

Fsuyker [Mirella Di Persio]. "First Vaginal Discharge: What Teens Should Know." *The Healthy Vagina*. Multi-Gyn. Disponível em: www.healthyvagina.com/?p=758. Acesso em: 9 jan. 2014.

"What's Vaginal Discharge?" *KidsHealth*. Nemours Foundation. Atualizado pela última vez Disponível em: http://kidshealth.org/en/kids/discharge.html. Acesso em: 20 jan. 2015.

Capítulo 5

"All About Menstruation." *TeensHealth*. Nemours Foundation. Disponível em: http://kidshealth.org/en/teens/menstruation.html#. Acesso em: 24 jan. 2018.

"Liner FAQs." *U by Kotex*. Kimberly-Clark Worldwide, Inc.

Disponível em: www.ubykotex.com.au/femcare-products/liners/faqs. Acesso em: 24 jan. 2018.

Lunapads. Lunapads.com. 2018. Disponível em: https://lunapads.com. Acesso em: 24 jan. 2018.

MacMillen, Hayley. "Does the Moon Affect Your Period?" *Refinery29*. Disponível em: http://www.refinery29.com/2014/07/71005/full-moon#slide-5.
Acesso em: 20 jun. 2016.

"Medical Definition of Uterus." *MedicineNet.com*. MedicineNet. Disponível em: www.medicinenet.com/script/main/art.asp?articlekey=5918. Acesso em: 13 maio 2016.

"Pads and Tampons." *KidsHealth*. Nemours Foundation. Disponível em: http://kidshealth.org/en/kids /pads-tampons.html. Acesso em: jan. 2014.

Sargis, Robert M. "An Overview of the Ovaries." *EndocrineWeb*. Vertical Health. Disponível em: https://www.endocrineweb.com/endocrinology/overview-ovaries.
Acesso em: 8 abr. 2015.

"Using Your First Tampon." Center for Young Women's Health, Boston Children's Hospital. Disponível em: https://youngwomenshealth.org/2012/09/27/tampons.
Acesso em: 25 jul. 2016.

"When to Talk to Your Daughter Regarding First Period." *Sofy*. Unicharm Corporation. Disponível em: https://in.sofyclub.com/en/advice/forparents/05.html. Acesso em: 24 jan. 2018.

Winters, Leigha. "Tampons." *Sutter Health*. Palo Alto Medical Foundation. Disponível em: www.pamf.org/teen/health/femalehealth/periods /tampons.html. Acesso em: out. 2013.

"Your First Period (Especially for Teens)." *Frequently Asked Questions Especially for Teens*. American College of Obstetricians and Gynecologists. Disponível em:
 www.acog.org/Patients/FAQs/Your-First-Period-Especially-for-Teens#menstrual. Acesso em: maio 2017.

Capítulo 6

Adams, Lawrence. "Does Nutrition Affect Puberty." *Livestrong.com*. Leaf Group Ltd. Disponível em: www.livestrong.com/article/540730-does-nutrition-affect-puberty. Acesso em: 13 jun. 2017.

Bordessa, Kris. "18 Get-Off-the-Couch Games." *Parenting.com*. Meredith Corporation. Disponível em: http://www.parenting.com/gallery/18-fun-active-indoor-activities?page=9. Acesso em: 27 jan. 2018.

Brittney, Lynn. "Teenager's Problems with Allergies." SafeKids. Disponível em: www.safekids.co.uk/teenagersallergyproblems.html. Acesso em: 13 maio 2012.

Carter, Kevin A., Nathanael E. Hathaway, and Christine F. Lettieri. "Common Sleep Disorders in Children. *American Family Physician 89*, n.º 5 (2014): 368-77. Disponível em: https://www.aafp.org/afp/2014/0301/p368.pdf. Acesso em: 27 jan. 2018.

DeCesare, Leah. "6 Sleep Tips for Tweens and Teens." Mother's Circle, LLC. Disponível em: http://motherscircle.net/6-sleep-tips-for-tweens-and-teens. Acesso em: 27 jan. 2018.

"Common Sleep Problems." *KidsHealth*. Nemours Foundation. Disponível em: http://kidshealth.org/en/teens/sleep.html. Acesso em: ago. 2014.

"Exercise Safely." *Women's and Children's Health Network*. Government of South Australia. Disponível em: www.cyh.com/HealthTopics/HealthTopicDetailsKids.aspx?p=335&np=285&id=1455. Acesso em: 23 out. 2017.

Fader, Anna. "25 Exercise Games and Indoor Activities to Get Kids Moving." Mommy Poppins. Disponível em: https://mommypoppins.com/newyorkcitykids/25-exercise-games-indoor-activities-for-kids. Acesso em: 17 fev. 2016.

Friedlander, Whitney. "Nutrition for Kids During Puberty." *Mom.me*. Whalerock Digital Media LLC. Disponível em:

https://mom.me/lifestyle/4907-nutrition-kids-during-puberty. Acesso em: 6 dez. 2012.

Henderson, Laura W. "Food and Vitamins for Puberty." *Livestrong.com*. Leaf Group Ltd. Disponível em: https://www.livestrong.com/article/112085-physical-development-adolescence.
Acesso em: 3 out. 2017.

Holecko, Catherine. "Fitness During Puberty." *Verywell.com*. Very Well Family. Disponível em: www.verywell.com/fitness-during-puberty-1257328. Acesso em: 21 dez. 2017.

Stang, Jamie, and Mary Story. *Guidelines for Adolescent Nutrition Services*. Center for Leadership, Education and Training in Maternal and Child Nutrition, Division of Epidemiology and Community Health, School of Public Health. University of Minnesota, 2005.

"Tween Sleep Facts." *Family Education*. Sandbox Networks, Inc. Disponível em: https://www.familyeducation.com/life/preteen-tween-sleep/tween-sleep-facts. Acesso em: 27 jan. 2018.

Capítulo 7

"Tips for Managing Your Emotions." *Lil-Lets Teens*. Lil-Lets UK Limited. Disponível em: http://www.becomingateen.co.uk/advice-blog/articles/managing-your-emotions. Acesso em: 27 jan. 2018.